FOR$_2$

FOR pleasure   FOR life

國際政治理論與喪屍

Covid-19 末日版

丹尼爾・W・德雷茲納（Daniel W. Drezner）著

翁尚均 譯

Theories of International Politics and Zombies

Apocalypse Edition

獻給我的兒子山姆，他認為這本書比我其他的書「酷多了」；

也獻給我的女兒蘿倫，因為她要爸爸放心，

「我們這裡沒有喪屍」

目次

前言

　　很久以前，有一次我開車在全國旅行時停下來參觀優雅園。在走到叢林室的時候，穿過貓王艾維斯‧普里斯萊這棟豪宅的人就可分成兩類。第一類對艾維斯所有東西表現出徹底的、毫無保留的真誠景仰。這些都是鐵粉，優雅園就是他們的麥加，他們的耶路撒冷，他們的羅馬。聽起來他們彷彿認定這位天王還在人世，偶像那批絢麗的緊身舞台服裝直教他們看得目眩神迷。

　　第二類觀光客也很高興來到優雅園，但高興的理由不一樣。艾維斯一切招搖的東西讓他們看得津津有味。對他們而言，一棟仍鋪著綠色長絨地毯、牆壁嵌著鏡子的豪宅未免太俗氣也太有趣了。他們面對那批緊身舞台服裝時也是目瞪口呆，因為他們認為那可笑到不可思議的地步。大家閒步向前的過程中，導覽人員的專業水準真教我大開眼界。她這份工作可不好幹，因為她接待的可都是極其熱愛

艾維斯的客人，相關的背景知識非得扎實不可。同時，她也認同導覽團其他成員所體驗到的荒誕感受。隨著面部表情的細膩變化和語氣的微小調整，這位導覽人員出色地完成了任務。她未貶低虔誠追隨者眼中的貓王，儘管如此，我相信那天所有人在參觀之後都非常滿意地離開優雅園。

　　讀者不妨把這本書想像成我在對另一座優雅園進行導覽，只是多出不少腳註。哦，還有喪屍。

　　主耶和華對這些骸骨如此說：「看哪，我必使氣息進入你們裡面，你們就要活過來。我要給你們加上筋，長出肉，又給你們包上皮，使氣息進入你們裡面，你們就要活過來；你們就知道我是耶和華。」於是，我遵命說預言。正說預言的時候，有響聲，看哪，有地震；骨與骨彼此接連。我觀看，看哪，骸骨上面有筋，長了肉，又包上皮，只是裡面還沒有氣息。

　　　　　　　　——〈以西結書〉三十七章五—八節

導論……死靈族*

　　世界政治中恐懼的來源不一而足：恐怖攻擊、奪命時疫、自然災害、氣候變遷、金融恐慌、核子擴散、種族衝突、全球網路戰爭、政治兩極分化、大國競爭等等。然而，縱觀文化上的時代精神，令人驚訝的是，一個不可思議的問題竟成為國際關係中受人關注程度數一數二飛快增長的對象。沒錯，我說的是喪屍。

　　不論你稱它為什麼：食人鬼（ghouls）、死神（deadites）、廢物（rotters）、行屍（walkers）、臭鬼（stenches）、餓鬼（hungries）、死人頭（deadheads）、後人類（post-humans）、活死人（the mobile deceased）、假活人（the differently animated）、走肉幽靈（specter of

---

* 〔譯註〕Undead：泛指肉體死亡後還能活動的怪物，是魂魄遺留人間的、具自我意識的屍體。它以不同形態出現在各地文化的傳說中和故事裡，現代通常在奇幻小說、恐怖小說和角色扮演遊戲中出現。

the living dead），這對國際關係學者和我們藉以了解世界
的理論來說，都是一個大大的難題。如果死者從墳墓裡復
活並抓活人來飽餐一頓，那麼國際政治的不同理論會如何
預測後續發生什麼？這些預測將多有效或將多麼糟糕？

　　正經的讀者可能認為這種問題荒謬可笑，但在流行文
化中，對於食人鬼的恐懼是顯而易見的。無論是看書、看
電影還是聽歌、玩遊戲，這一主題出現的頻率都在上升。
如圖一所示，喪屍片的發行量在千禧年伊始就陡然增加。

圖一：大眾與學者對喪屍的興趣

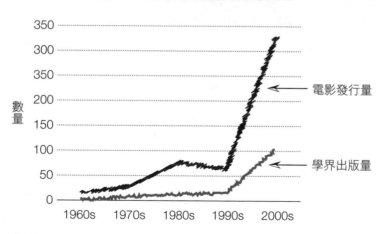

資料來源：Wikipedia, Web of Science

　　根據保守估計，超過三分之一的喪屍電影是在二〇〇一年九一一恐怖襲擊以後上映的。[1]圖二表明，這數字恐怕還被低估了。根據一項分析，喪屍已成為二十一世紀後世界末日（postapocalyptic）電影中最重要主題來源。[*]

　　這種興趣也不局限於大螢幕。包括《惡靈古堡》（*Resident Evil*）和《惡靈勢力》（*Left 4 Dead*）系列在內

圖二：二〇〇〇年以來對喪屍的興趣

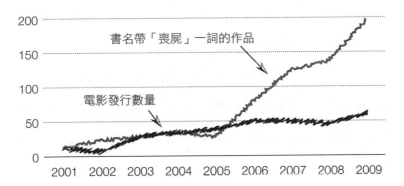

資料來源：Amazon.com, Wikipedia.

---

[*] 【作者註】Phelan 2009：喪屍顯然是一種全球流行的電影主題。拍喪屍片的國家除美國外，還有澳大利亞、英國、中國、捷克、古巴、德國、愛爾蘭、義大利、日本、韓國、墨西哥和挪威等。請參閱 Russell, 2005 以了解有關此類電影的詳盡電影介紹。

的多種喪屍主題電子遊戲正預示喪屍電影的再度流行。緊隨其後的是另一波更多的電子遊戲，例如《最後生還者》（*The Last of Us*）。近年來，死靈族更攻占了電視，其中包括CW電視網的《我是喪屍》（*iZombie*）（二〇一五～一九年）、Syfy頻道的《喪屍國度》（*Z Nation*）（二〇一四～一八年）和Netflix的《喪屍國度續集》（*Black Summer*）（二〇一九～二一年）。在喪屍電視領域中獨占鰲頭的是AMC電視網強片《陰屍路》（*Walking Dead*）（二〇一〇～二二年），在二〇一三年的收視率尚擊敗了所有其他同一時間檔的節目。雖然該節目已經結束，但它也衍生出多個作品，其中包括《驚嚇陰屍路》（*Fear the Walking Dead*）、《陰屍路：劫後餘生》（*The Walking Dead: World Beyond*），也許未來還會推出《陰屍路續集》（*2 Walking 2 Dead*）和《陰屍路：東京漂移》（*The Walking Dead: Tokyo Drift*）。

　　喪屍也已爬進了書籍頁面。流行文學作品的範圍涵蓋生存指南[2]、兒童讀物[3]、維多利亞時代早期的修正主義小說（revisionist novels）乃至著名的小說。[4]以N元語法（Ngrams）加以檢視後可發現，二〇〇八年之後，提及

「喪屍」的書籍數量超過了提及「流行病」、「洲際彈道導彈」和「溫室氣體」等字眼之書籍的數量。《陰屍路》和《漫威喪屍》（*Marvel Zombies*）等漫畫系列在過去二十年間迅速走紅。某位圖書編輯喜孜孜地告訴《今日美國》（*USA Today*）：「在傳統的恐怖片裡，喪屍比什麼都更受歡迎。活死人會一直紅下去。」[5]概略瀏覽報紙的資料庫即可看出，提及活死人的次數始終穩步增加（見圖三）。顯然，活死人已經從邊緣走向主流。

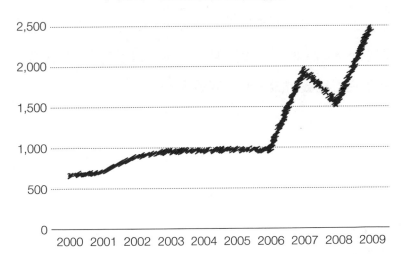

圖三：媒體提及喪屍的次數

資料來源：Lexis-Nexis

　　有人將喪屍的流行趨勢單純視為迎合大眾對怪異事物的好奇心，但這見解未免失之淺薄。流行文化通常為公眾潛意識裡或未表達出來的恐懼提供一個窗口，喪屍也不例外。一些文化評論家認為，二〇〇一年九月十一日的恐怖攻擊是重新激化世人對活死人興趣的主要原因，而相關數字似乎支持了這一說法（見圖二）。[6]當然，二〇〇一年秋天的炭疽攻擊也引發了對生物恐怖主義和生物安全的恐懼。[7]隨後的疫病大流行，包括伊波拉病毒、茲卡病毒和來勢洶洶的COVID-19，在在加劇了這些擔憂。正如彼得・鄧朵（Peter Dendle）所言：「電影和電子遊戲所生動描繪的大開殺戒的喪屍已明顯觸動了世人對社會的焦慮，揮之不去的焦慮。」[8]喪屍明顯一直是醫學疾病、暴民統治和馬克思主義辯證法的一個隱喻。*

---

* 【作者註】格雷迪・亨德里克斯（Grady Hendrix, 2008）在其中一個比較值得注意的解釋中總結道，胡安・卡洛斯・弗雷斯納迪洛（Juan Carlos Fresnadillo）二〇〇七年的《28天毀滅倒數》之比較廣泛的討論，請參閱 Aquilina and Hughes 2006；Christie and Lauro 2011; Comaroff and Comaroff 2002; Cooke 2009, chap. 7; Fay 2008; Harper 2002; Kay 2008; Lauro and Embry 2008; Newitz 2006; Paffenroth 2006; Russell 2005; Smith? 2011; and Webb and Byrnard。

　　一些國際關係學者可能會假設，對喪屍的興趣是一種間接嘗試，以了解美國前國防部長唐納德・倫斯斐（Donald Rumsfeld）所說的國際安全中的「未知的未知」（unknown unknowns）。[9]然而，或許也存在一種未被公開承認的恐懼，亦即死人從墳墓中復活並大啖活人內臟的場景。顯然，生物安全是各國政府一項新的當務之急。[10]海地政府明文禁止將人加以喪屍化。[11]多個美國政府機構，包括國土安全部和疾病控制與預防中心，已經就活死人的議題發表公開聲明。美國戰略司令部（US Strategic Command）撰寫了名為「抗喪屍統治」的《非常事態計畫8888》（CONPLAN 8888），其中第一行寫道：「這個計畫實際上並非寫來當笑話的。」[12]人們只能推測其他政府私下在玩什麼把戲。儘管已有《非常事態計畫8888》，但參謀長聯席會議主席馬丁・登普西（Martin Dempsey）卻在二〇一三年前往五角大廈，並且明確詢問他的指揮官：「天哪，如果喪屍攻擊我們該怎麼辦？」[13]

　　我們也須提防，不可誇大其詞，畢竟吃人肉的喪屍並非唯一引起大眾興趣的超自然現象。近年來，幽浮、鬼魂、吸血鬼、男巫女巫和哈比人大家不也琅琅上口？在某

些人看來，喪屍與其他超自然現象相比簡直相形見絀。這種觀點由於文化精英的蔑視而流行起來，它將喪屍視為仿造的、低劣的超自然東西，是個拖著腳步、搖搖晃晃的怪物，只想要吃─人─腦。三十五年前，詹姆斯・特威切爾（James Twitchell）就下過這樣的結論：「喪屍徹頭徹尾是個蠢貨，是個腦葉被切除的吸血鬼。」[14] 儘管喪屍在流行文化中捲土重來，但這些吃人肉的怪物仍然被認為很不體面。保羅・沃爾德曼（Paul Waldmann）在二〇〇九年觀察到：「說實在話，喪屍應該是令人生厭的怪物……但值得注意的是，一個如此簡單的壞東西卻紅了這麼久。」[15] 二〇一〇年，奧斯卡頒獎典禮向恐怖電影致敬了三分鐘之久，而任何喪屍電影都還分不到一毫秒，遠遠少於鬼娃恰吉的份額。沒有哪個喪屍的魅力比得上J.K.羅琳的《哈利波特》或是《暮光之城》系列中的愛德華・庫倫。

然而，從公共政策的角度來看，喪屍比其他超自然現象更值得關注。正如圖四谷歌趨勢分析所表明的，對喪屍的興趣遠遠超過了對其他超自然現象的興趣，尤其是那個該死的哈比人。此外，二〇〇八年金融危機之後，注意力

和吸血鬼相比，喪屍在高中生之間完全吃不開。

趨向的差距進一步擴大。在事事不確定的時代裡，活死人
似乎比其他超自然角色更能激發共鳴。

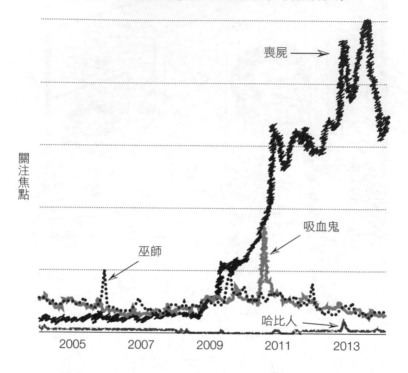

圖四：「谷歌趨勢」對於超自然行為者的分析

　　科學家和醫生承認，與吸血鬼或魔鬼不同的是，喪屍的某些形態可能存在於我們的現實世界中。*喪屍具有吸

---

* 【作者註】Berlinski 2009; Davis 1985, 1988; Efthimiou and Gandhi 2007; Koch and Crick 2001; Littlewood and Douyon 1997.總體而言，這裡說的可能性與海地傳統上的喪屍概念密切相關，即喪屍是透過巫毒教儀式復活且無自由意志的死人，而無關喬治‧羅梅羅（George Romero）筆下《活死人之夜》（*Night of the Living Dead*,1968）中的食人鬼。

血鬼、鬼魂、男巫女巫或是惡魔所缺乏的合理面向：造出
喪屍並不一定需要超自然的作為。事實上，在專家的調查
中可以看出這種喪屍的合理性質。一項針對專業哲學家的
意見調查顯示，超過五十八％的哲學家認為，在某種程度
上喪屍可能存在。相較之下，只有不到十五％的受訪者寧
願相信上帝存在 *。鑑於學院裡有大量的宗教系和神學系，
學者如果不願認真看待復活屍體吃人肉的問題，就未免失
之偏執了。

　　喪屍的經典傳統敘事看起來也與其他超自然生物的
敘事不同。喪屍故事的結局通常是如下兩種方式其中的
一種：所有喪屍被殲滅／征服，或者地表人類悉數被殺
光。[16]根據流行文化的邏輯，若要食人鬼與人類和平共處，
那是異想天開。這種不共戴天、你死我活的結局在吸血鬼
或是巫師文學中並不常見。吸血鬼企圖接管世界的敘事

---

* 【作者註】數據取自 PhilPapers 二〇〇九年十一月針對三千兩百二十六名
　專業哲學家和其他人所進行的調查結果（http://philpapers.org/surveys/ ）。
　喪屍的哲學定義（除了缺乏意識之外，其餘方面都與活人相同）與通俗
　涵義（意圖吃人肉的復活屍體）有些不同。不過，這兩種含義之間還是
　存在一些概念上的重疊。正如大衛・查默斯（David Chalmers, 1996, 96）
　所言，無論根據哪種定義，喪屍「內在都是幽暗的」。

要少多了。[17]幽暗生物反而經常融入現有的權力結構。事實上，最近的一些文學情節表明，吸血鬼或巫師（只要他們夠帥的話）是可與世上許多高中的一般青少年和平共處的。[18]但喪屍可就不那麼吃香了。如果「大眾文化形塑當今世界政治面貌」的說法為真，那麼國際關係界便需要以更急迫的方式有條理地思考食人鬼引發的問題。[19]

喪屍的相關敘事

　　如果不先回顧多門學科中有關喪屍的敘事就貿然討論這主題，那就太莽撞了。值得慶幸的是，活死人如今已成為嚴謹學術研究的焦點（如圖一所示）。人文學科不乏對食人鬼的文化解構。[20]哲學家也已對喪屍的可想像性和形而上的可能性進行了一定程度的深思細想。[21]

　　自然科學也著手研究喪屍問題。神經科學家發表的研究成果表明，「大型哺乳動物大腦中的某些分子功能和細胞功能在其死後不算短的時間內，可能保留至少一部分的恢復能力。」[22]換句話說，完全有可能恢復死去動物的某些大腦功能。動物學家研究了動物界其他領域是否存在類似喪屍的情況。[23]生物學家研究了人咬人時疾病傳播的特性。[24]法醫人類學家研究了喪屍在其身體腐爛的過程中仍可存續多長時間。醫生已經確定了喪屍感染的一個可能名稱：共濟失調性神經退化性飽腹感缺乏綜合症（ataxic neurodegenerative satiety deficiency syndrome）。[25]物理學家已經探索能躲避類喪屍肉軀「隨機漫步」（random walk）模式的最佳地方。[26]電腦科學家則全心投入，以抵禦線上喪屍（又稱「喪屍網絡」〔botnet〕）。[27]數學家對喪屍的擴散理論進行了建模，並提出了一些發人深省的結論：「如果爆發喪屍感染人類的病症，而又不對死靈族採取極其激進的策略，那很可能引發一場災難……除非迅速處理，否則喪屍病的擴散很可能導致文明崩潰。」[28]這項研究引發了一些批評性的回應。[29]然而，其他建模表明，政府在應付蔓延的活死人時所面對的情勢將多嚴峻。[30]

對於喪屍文獻的這段簡短回顧呈現出一個教人擔憂的緊迫問題。人文學科和理科科學一直持續關注死屍復活後飽餐人肉的問題，但奇怪的是，社會科學對這方面的探究卻是一片空白。自二〇一一年「喪屍研究協會」（Zombie Research Society）成立以來，其顧問委員會裡竟找不到一位社會科學家。[31]每當社會科學家提到喪屍時，通常只是出於隱喻或是教學所需。[32]經濟學家已對吸血鬼世界最理想的宏觀經濟政策加以精確建模，但對喪屍消費函數的探究才剛起步。[33]儘管活死人有暴民傾向，但社會學家尚未

分析喪屍的「非社交型社群性」（asocial sociability）。直到最近幾年，政治科學家也才開始思考如何解決與活死人相關的應對政策和治理的問題。[34] 與同源學科相比，社會科學（尤其是國際關係）整體而言對喪屍的研究是大大落後的。

這種學術探究的匱乏應會困擾國際關係學者和政策制定者。古典作家已經清楚意識到活死人帶來的威脅，正如本書開頭〈以西結書〉那段話所暗示的一樣。在《孫子兵法》中，孫子強調了在「死地」戰鬥的重要性，顯然他已預見到死靈族的威脅迫在眉睫。修昔底德（Thucydides）在其《伯羅奔尼撒戰爭史》中講述了一場「與普通疾病截然不同的瘟疫」將如何導致律法隳墮的全面混亂。在《政事論》*中，考底利耶（Kautilya）明確指出需要「祕學專家」來遏止不尋常疾病的蔓延。當托馬斯・霍布斯將人類的天然狀態描述為「恐懼不斷、充滿暴死危險，必須面對

---

* 〔譯註〕Arthashastra：又譯政治論、實利論、政治經濟理論，是古代印度以梵語書寫的關於治國、經濟政策和軍事戰略的論典，屬於印度教經籍的論典部分。其作者可能不止一人，但傳統上認為係孔雀王朝政治家考底利耶所作。

孤獨、貧窮、骯髒、野蠻和短暫的壽命」時，喪屍不是在
他的腦海裡，就是站在他的門外。[35]

　　相比之下，最近學界在這個主題上要麼含糊不清，要
麼懶得動腦。現代國際關係理論學者熱衷研究其他的超自
然現象（包括幽浮、巫師、哈比人、賽隆人和吸血鬼），
直到最近才出現有關喪屍的論述。[36]在世界政治領域中竟
找不到更多以活死人為主題的學術研究，這真令人驚訝。

　　從政策制定的角度來看，對於食人鬼的進一步研究也
有其必要。一方面，二〇〇八年金融危機、阿拉伯之春和
COVID-19大流行等二十一世紀重大國際關係的「衝擊」
讓大多數政府猝不及防。這些衝擊表明，即使是強權也可
能低估了「黑天鵝」事件。在許多方面，食人鬼是我們想
像得到的、最可怕的黑天鵝。

　　另一方面，正如近年來一些具影響力的決策者所表現
的那樣，如果預期中的衝擊很嚴重，那麼這些低概率的事
件也可能引發誇張的政策反應。[37]美國前副總統迪克・錢
尼認為，即使發生嚴重恐怖攻擊的概率低至一％，仍需採
取極端的預防手段。[38]如果政策分析師將此邏輯應用於死
靈族上，那麼預防措施則不可或缺。即使喪屍暴亂的可能

性要小得多，死人從墳墓裡復活、大啖人肉的想像對人類生存的威脅是比核子恐怖攻擊更大的。事實上，活死人確實將潔西卡・斯特恩（Jessica Stern）所說的「可怕風險」具象化了。[39]

由於預想的喪屍效應在電影和小說中似乎如此可怕，因此應該針對這種情況進行更多戰略規劃。當然，所有對抗喪屍的應變計畫都可能在與死靈族敵人首次接觸之際便潰敗了。[40]不過，計畫過程本身可以改善未來的應對政策，這是美國戰略司令部的計畫擬定者公開承認的事實。[41]如果本世紀軍事侵略的紀錄可以教給我們一點什麼，那就是對於潛在敵人只有一知半解時便執行外交政策是很危險的。核威懾、經濟制裁或外交調停等傳統治理手段對活死人都是毫無用處的*。喪屍渴求人肉，而非胡蘿蔔或棍棒。

---

* 【作者註】美國戰略司令部的《非常事態計畫8888》明確主張使用核武器，但這在喪屍肆虐的世界中將是一個可能導致災難的錯誤。你無法遏止食人鬼，因此此類武器所具備的有用特性將無由發威。核武器無疑會將大量喪屍燒成灰燼。然而死靈族和人類不同，他們會在核爆後的放射性落塵中倖存下來。事實上，染有致命劑量輻射的喪屍會在跌跌撞撞、四處遊走的過程中對人類構成雙重威脅：要麼死於輻射，要麼喪屍咬人造成屍潮。如果有哪個政府魯莽發動第一波的核攻擊，那麼將會創造出唯一比活死人大軍更糟糕的東西：一群突變的、具放射性的活死人兵團。

又如嚴刑拷打、強化審訊、無人機戰爭或網路攻擊等爭議性較大的技術，也將無濟於事。死靈族不知疼痛，在社交媒體上也不會十分活躍。必須對喪屍深入了解，必須掌握一系列對付喪屍的可行對策，如此方能避免過度反應或是反應不足。

喪屍議題日益受人關注，這就是值得進一步調查的原因之一了。研究表明，接觸超自然的敘事有可能讓個人更相信超自然生物的存在。[42]這種信念具有病毒性質，也就是說，接觸其他人的信念會增加自身接受相同信念的可能性，且無論其邏輯是否合理。[43]隨著喪屍在流行文化各領域的走紅，更多人會開始相信、擔憂和害怕它們的存在。恐懼是一種強烈情緒，可以多方面深刻影響政策的制定。[44]對活死人的恐懼可能導致弄巧成拙的政策反應，就像由於害怕恐怖攻擊，美軍在九一一恐攻發生後曾在阿布格萊布（Abu Ghraib）虐待囚犯。顯然，公眾對於被食人鬼生吃的恐懼只能藉由嚴格的學術研究來緩解。

國際關係學界在大多數有關如何應對喪屍肆虐的討論中是唯一缺少的環節。死靈族的威脅係以喪屍這一經典形式漫向全球。然而，這些故事缺乏世界政治的基礎。針對

活死人的論述採用小社區或家庭作為其社會分析單位。按照邏輯，活死人應會引發一些對應政策上的思考，但實際上各國政府或國際關係的影響幾乎不見誰來討論。正如喬納森・馬伯里（Jonathan Maberry）所觀察的那樣：「大多數這類型的論述都是從軍事、警察或平民防禦的視野探討事情。」[45] 但問題是，相關對應政策要麼被人忽視，要麼隨便一筆帶過，然後快速切入世界末日式的場景。[46] 即使官方的對應政策並非最理想的，我們至少可以據此預期，有朝一日當死人在地表上四處橫行時，世界將如何應對，還有國際關係將如何發展。

　　接下來便是設法滿足世人對喪屍與世界政治相互作用的認知慾，因為這份渴望越變越強烈了。但可惜，想找出一些學術上的探討根本辦不到。機構審查委員會和人體試驗委員會（human subjects committees）將對隨機對照試驗或其他實驗方法設下巨大障礙。統計學方法並不適用喪屍爆發的罕見性質。儘管如此，仍可採用許多可行方法，比方開發新的理論模型、採訪經驗豐富之政策制定者擬定類似喪屍潮應變計畫、創建強大的電腦模擬或尋找其他方式。

　　然而，縱觀國際關係理論的現狀，大家很快就意識到，在為世界政治進行建模一事上，各方對於最理想的方式是缺乏共識的。現有多種設法解釋國際關係的範式，但每一種對於喪屍如何影響世界政治以及政治行為者如何應對活死人潮都有不同的觀點。因此，我決定具體探究現有的國際關係理論如何預測喪屍潮一旦爆發後會發生什麼事*。這些理論所預測的內容有什麼是可能發生的？根據這些理論，將產生哪一些政策建議？躲藏和囤積何時才是正確的辦法？

　　這種分析之所以有用，不僅是因為喪屍威脅可能發生，還是我們對現有的國際政治理論進行壓力測試的一種方式。聲稱國際關係理論「已死」的說法與聲稱可以射擊喪屍胸膛、將其殺死的說法一樣無稽。課程大綱和引文

---

* 【作者註】因為篇幅限制，我們無法對某些理論（例如馬克思主義）可能應對食人鬼的方式進行更全面的討論。事實上，馬克思主義在分析解釋傳統的海地或巫毒喪屍時似乎比較能使上力。我通常會鼓勵這種範式專注於食人鬼，但是身處這種立場上我是很謹慎的。坦率地說，我這計畫顯然是站在人類這一邊的，而馬克思主義者可能會比較同情喪屍。對馬克思主義學者而言，死靈族象徵的是被壓迫的無產階級，可以被視為先鋒部隊，最終將消滅具剝削本質的新自由主義（neoliberalism）而受到歡迎。

模式都揭示了國際關係典範（IR paradigms）的持久性。[47]
學者、評論家和政策分析師依靠演繹理論作為複雜世界
中的認知指南。這些理論產生的觀察推斷（observational
implications）越多，它們對「已知之未知」和「未知之未
知」的解釋力量就越大。[48]衡量其解釋力量的一個指標便
是：它們在系統受到外來衝擊後可以提供反直觀（但是有
用）預測的能力。一支不知饜足的活死人大軍肯定有資格
被歸為這類衝擊。

　　否認喪屍的人可能會爭辯：由於死人從墳墓中復活並
以活人為食的可能性很低，因此這種演練在啟發人心上幾
乎不會收到什麼成效。這種觀點就是忽略了今天世界政治
發生變化的方式以及國際關係學術隨之變化的必要性。傳
統上，國際關係一直關注民族國家之間的互動。然而，當
前的許多安全問題都集中在施暴的非國家行為者身上。世
界政治日益關注的是權勢如何從有目的行為者（purposive
actors）流向失序混亂的力量。[49]最重要的是，食人鬼議
題是世人對地球共同體深刻關注的典範。用威廉・麥克
尼爾（William McNeill）的話說，活死人既是微寄生物
（microparasitic）的危險，也是大寄生物（macroparasitic）

的危險。[50]喪屍是二十一世紀厲害的威脅：嚴肅的分析家並不十分了解它們，而它們擁有千變萬化的能力，並對國家帶來極其嚴重的挑戰。

　　我將仰仗兩種證據來源來支持理論範式。第一種資料來自類似於死靈族襲擊事件的社會科學論述：流行病、大災難、生物恐怖主義等等。過去對於災禍事件的反應可以告訴我們，預期中國家和非國家的行為者將可能如何應對復活的貪婪死屍。各方最近對於COVID-19大流行的反應將特別吸引我們的注意。

　　第二種資料來源是存在於流行文化中關於喪屍的虛構敘述。近年來，政策制定者依靠虛構敘事的創作者來一窺「別出心裁」的危急情景以及結果。事實上，美國戰略司令部在他們的抗喪屍計畫中已明確指出，「採用科幻小說來源的確為軍事規劃者提供了令人信服的優勢」。[51]同樣，國際關係學者已經超越了他們在經驗分析上所採用的標準統計分析法和比較案例研究法。這些學者使用模擬和「個體為本建模」（agent-based modeling）來檢驗他們的理論。[52]近年來，使用虛構敘事（尤其是恐怖和科幻小說）作為理論構建的資料來源也變得越來越普遍了。[53]

　　可以確定的是，這種方法具有一些危險，應該從一開始就承認這一點。首先，電影和小說的敘述可能會因有所偏頗而歪曲了我們的分析。[54]也許人們會以不同於喬治・羅梅羅（George Romero）、馬克斯・布魯克斯（Max Brooks）或羅伯特・柯克曼（Robert Kirkman）假設的方式來回應真實世界中活死人的夜襲行動。這種可能性將被考慮進去，但如下文所示，喪屍的標準中隱藏著異質性。傳統的食人鬼敘事有足夠多的變化來闡明每個主要的國際關係範式*。

　　其次，採用範式法（paradigmatic approach）來解釋國際關係其實不無缺陷。有人可能主張，範式辯論所產生的熱遠多於光。這些方法的預測能力一直不足。[55]其他學者認為，將這些不同的理論方法稱為範式，會賦予它們通常缺乏的連貫性和完整性。[56]一些人甚至認為，範式在國際政治對科學探索的追求上全無用武之地，還有依賴利益

---

* 【作者註】為了迴避困擾喪屍愛好者社群的無數爭議，我那些主要的、基於經驗的重點將放在有關喪屍的主要經典作品上：喬治・羅梅羅的電影、馬克斯・布魯克斯的小說、羅伯特・柯克曼的漫畫和電視節目以及近幾十年來推出的、最受歡迎的作品。

和制度之構建塊（building blocks）的方法才能提供更強的分析槓桿。[57]然而，這些範式確實有助於闡明，不同的國際關係理論家所相信的東西正是世界政治領域中很重要的東西。無論研究人員或政策制定者承不承認，一切有條理的國際關係作品都源於一些範式假設。有關死靈族襲人的理論可以進一步揭示這些不同方法在預測上的分歧。不過，本人完全承認，在抹除一些內部理論的爭議時，我也對這些範式施加了一些概念上的暴力。持平而論，死靈族的作為可能會更糟糕。然而，在著手對不同的國際關係理論進行各種預測之前，有必要先解決一些定義和誤解的問題。

喪屍的定義

　　喪屍的定義範圍從哲學上的（無意識的人）到人類學上的（死者下葬後遭人施法而復活）。美國戰略司令部在其抗喪屍計畫中列舉了八類不同的死靈族，甚至包括雞喪屍。[58]我與喪屍研究協會的觀點一致，將喪屍視為一種生物學上可定義的、渴望吃人肉的、寄生人類軀殼的活物。[59]這個定義與其詞源（西非和海地巫毒教儀式中的zombie）的涵義不同，因為詞源所指的那些復活屍體並不對國際安全造成威脅。事實上，這些「傳統」喪屍反而通常被描述為最服從的勞動者。所有現代作品中的典型喪屍都源自喬治・羅梅羅的《活死人之夜》（*Night of the Living Dead*，一九六八年）中首次出現的那種食人鬼（ghoul）。由於食人鬼可以跨越國界游移並威脅國家和文明的存續，所以應該引起國際政治學者和政策制定者的關注。

從國家安全的角度來看，喪屍行為的三個假設如下：

一、喪屍渴食人肉，不吃其他喪屍……因為那樣太噁心了。

二、除非大腦被毀，否則喪屍是殺不死的。

三、凡被喪屍咬傷的人，必然變成喪屍。

幾乎所有現代的喪屍敘事都遵循這些規則。[60]這些標準確實將一些為喪屍經典奠定基礎的原始敘事排除在外，例如理查德・馬西森（Richard Matheson）一九五四年的小說《我是傳奇》（*I Am Legend*）或唐・西格爾（Don Siegel）一九五六年的電影《天外魔花》（*Invasion of the Body Snatcher*）。[61]不過，所有滿足這些規則的喪屍都會對國際關係產生顯著的影響。然而，反過來看，國際關係的性質也會影響全球對食人鬼來襲的反應。

關於食人鬼的爭論

　　在整個喪屍的經典敘事中，有關喪屍能力的說法是存在顯著差異的，而喪屍研究圈裡也就因這些差異展開了激烈的爭論。[62]在大多數的敘事中，喪屍是無法說話的，也不擁有任何人的屬性，但明顯例外並非沒有，電影方面例如丹・奧班農（Dan O'Bannon）一九八五年的《活死人歸來》（*Return of the Living Dead*）、羅伯特・羅德里格斯（Robert Rodriguez）二〇〇七年的《異星戰場》（*Planet Terror*）、喬納森・萊文（Jonathan Levine）二〇一三年的《殭屍哪有這麼帥》，電視方面例如CW電視網二〇一五～一九年的《我是喪屍》、Netflix二〇一七～一九年的《小鎮滋味》（*Santa Clarita Diet*），此外，小說中亦有這類例外。[63]在大多數敘事中，只有人類才能變成喪屍。不過，在《惡靈古堡》系列中，狗和鳥也會受到影響。一般認為活死人沒有性別差異，但有些電影卻罕見地區分出男

女。正常人通常是因為被喪屍咬了才會變成活死人，但在喬治・羅梅羅一九六八年的《活死人之夜》以及羅伯特・柯克曼從二〇一〇年至今的電視劇《陰屍路》中，凡是死去的人都會變成食人鬼。喪屍除了酷食人肉之外是否還有其他慾望？這點我們還不清楚。大多數的敘事都未觸及這個問題，但根據一九八〇年代的義大利喪屍電影以及彼得・傑克遜（Peter Jackson）一九九二年的《新空房禁地》（*Dead Alive*）的描述，食人鬼彼此間也會產生性慾。喪屍在腐敗前能撐上多長時間？這問題並沒有共識。顯然，大多數作品都假設，人類必須先死才會變成喪屍，但大多數學術研究也將丹尼・鮑伊（Danny Boyle）二〇〇二年的《28天毀滅倒數》（*28 Days Later*）和胡安・卡洛斯・弗雷斯納迪洛（Juan Carlos Fresnadillo）二〇〇七年的《28週毀滅倒數》視為喪屍經典的一部分。在這些影片中，「狂暴病毒」並未真正奪走感染者的性命，而是在不到三十秒的時間內將他們變成滿眼紅絲又嗜血的狂徒。

　　縱觀喪屍敘事的現狀，兩個最尖銳的分歧在於喪屍的來源及其能力。這為身為社會科學家的我們提供了一種極好的方法，能讓我們確定喪屍特定變數（其來源和速度）

是否會對國際關係的結局產生巨大影響。如果不管這些變數的變化如何，得到的結果仍然相同，那麼它們就不是致因元素了。

　　喪屍敘事中最大的歧異點是有關它們來源的說法：導致死者復活並令其捕食生者的原因是什麼？答案從外太空到科技、從微生物到超自然都有。在《活死人之夜》中，作者羅梅羅的說法是：從外太空返回地球的探測器帶進了一種迄今為止不為人知的輻射並將地球污染了。科技可能有助於造出活死人。史蒂芬‧金二〇〇六年的《科技浩劫》（*Cell*）將活死人的出現歸因於電腦化「脈衝」的應用。[64]在《惡靈古堡》系列中，保護傘（Umbrella）公司利用生物工程的手段造出了「Ｔ─病毒」。馬克斯‧布魯克斯將喪屍的起源歸咎於茄科植物病毒，而他二〇〇六年的小說《末日之戰》（*World War Z*）中則交代該病毒來自中國三峽大壩水庫的底部。[65]在雷希特（Z. A. Recht）二〇〇六年的小說《死靈瘟疫》（*Plague of the Dead*）中，喪屍病毒則起源於非洲中部。[66]布魯斯‧麥克唐納（Bruce McDonald）二〇〇九年的電影《幽靈電台》（*Pontypool*）則認為英語是造成喪屍的原因。根據傑克遜《新空房禁

地》中的說法，第一批死靈族是因為被蘇門答臘「鼠猴」（rat monkey）咬傷而出現的。魯本・弗萊舍（Ruben Fleischer）二〇〇九年的《屍樂園》（*Zombieland*）中，敘述者交代的理由再簡單不過了：「瘋牛變瘋人，瘋人再變瘋喪屍。」

　　文學中也採用超自然的解釋。在布賴恩・基恩（Brian Keene）的喪屍小說中，惡魔附身是喪屍形成的原因。在維克多・弗雷斯科（Victor Fresco）二〇一七～一九年的《小鎮滋味》中，喪屍的起源與塞爾維亞的民間傳說搭上線。羅梅羅一九七八年的《亡者黎明》（*Dawn of the Dead*）提供了喪屍經典中最具代表性的解釋：「地獄的空間不夠時，死者就來地表。」*對於麥可・傑克森來說，喪屍出於「嚇破人膽」這個最隱晦的原因而四下

---

*　【作者註】值得注意的是，羅梅羅的解釋與其他喪屍文學的大趨勢正好相反。整體而言，該文類已經轉而採用與病毒、病毒原（prions）和毒素相關之科學和偽科學的解釋。然而，在一九六八年的電影《活死人之夜》中，羅梅羅已從輻射敘事轉向較為超自然的解釋。在後來一九八五年的《喪屍出籠》（*Day of the Dead*）中，片中角色約翰對科學解釋的看法嗤之以鼻，並簡單總結道：「我們受到造物主的懲罰。祂詛咒我們，讓我們看看地獄是什麼樣子。」

逡巡。

顯然，關於屍體復活成為食肉機器的原因，目前各方尚未達成共識。但在我們眼裡看來，這種分歧雖然有趣，卻無關緊要。站在外交政策／國家安全的立場，關注喪屍案件的主因是為了能採取預防措施和政策以處理喪屍為患的司法領域。然而，正如反恐和國土安全政策所表明的，大規模的預防性投資不可能百分之百萬無一失。只需要一個喪屍就可以創建一支死靈族軍隊。

可惜，因果關係的多樣性使採取預防措施的可能性極小，而且成本高得嚇人。[67]正如世人面對COVID-19大流行的反應那樣，真正能搶得先機的原則理論需要先擬出一份周全而嚴格的政策措施清單。無論哪個政府都不太可能願意也不太可能全力投入生物、核子和電腦科技等領域的相關研究，同時監控和防止任何可能激化死靈族的宗教干預，**並且**抵禦邪惡而令人驚悚的鬼物。即使是強大且有效能的政府也缺乏足夠的洞見和能力，以防範一切死者復活潛在的成因機制。

由於在大多數有關喪屍起源的敘事中，喪屍的出現是偶發而非蓄意，上文所述便尤其正確了。預防措施的複雜

特性可能因「正常事故」概率的提高，而導致活死人偷偷
接近人類的可能性也增加。[68] 例如，美國擬定生物恐怖攻
擊對策的心血實際上反而增加致命毒物的供應，同時也增
加生物毒素漏向外界之意外事故的可能性。[69] 然而，在生
物恐怖攻擊的例子中，聯邦政府至少可以根據先前遭受的
攻擊來驗證預防措施。如果沒有喪屍攻擊的歷史可供借
鑒，任何政府都無法進行成本效益分析以保證普遍預防政
策的可行性。

　　國際關係學界不太關注喪屍的成因，而是關注喪屍對
世界政治的影響，用社會科學的語言來說，食人鬼是獨立
的變數。事實證明，喪屍敘事的創作者是高度同意這一立
場的。可以說，這些故事通常只對「喪屍零度」（Zombie
Zero）如何誕生做出馬虎的解釋。例如，在《活死人之
夜》中，羅梅羅只因受到電影發行商的壓力才提供因果
說明。[70] 多位評論家曾正確觀察到這種缺乏關注的原因：
這些故事總是設想在禍事爆發之後，文明本身要麼受到威
脅，要麼已遭毀滅。[71] 與國際關係學者一樣，喪屍敘事的
作者對活死人如何影響人類機構制度興趣更大。喪屍出現
的原因缺乏共識，這可能教人煩惱，但就我們的目的而

言，問題不大。

　　有關喪屍移動的速度也引發了另一場更激烈的學說爭論。[72]從羅梅羅的《活死人之夜》到布魯克斯的《末日之戰》，活死人可以正常行走、拖曳腳步行走、蹣跚、爬著或者跌跌撞撞前行，但就是不曾奔跑。最近的喪屍生存手冊十分強調這點。[73]布魯克斯特別主張：「喪屍似乎無法奔跑。推論得知的最快行走速度為每一秒半僅走一步。……普通活人行走的靈巧程度比最強壯的食人鬼高出九十％。」[74]然而，從《28天毀滅倒數》開始，「快速喪屍」的觀點已經嚴重挑戰了傳統的看法。在查克・史奈德（Zack Snyder）二〇〇四年重拍*的《活人生吃》（*Dawn of the Dead*）和查理・布魯克（Charlie Brooker）二〇〇八年的迷你影集《死亡片場》（*Dead Set*）中，喪屍都能快速前衝。史奈德在他二〇二一年的《活屍大軍》（*Army of the Dead*）中仍繼續採用這個特點。在《屍樂園》中，死靈族之所以蔓延開來，是因為它們在耗氧的奔跑表現上比

---

* 〔譯註〕重拍自一九七八年由喬治・羅梅羅執導的同名片《生人勿近》。描述一群身處購物中心的生還者，被一大群喪屍包圍，其詳細內容與原作相去甚遠。

美國人更優越。在湯米・維爾柯拉（Tommy Wirkola）二
〇〇九年的《下雪總比流血好》（*Dead Snow*）中，冰凍
的納粹喪屍能夠飛快跑過不好走的雪地。在延尚昊二〇一
六年的《屍速列車》中，活死人也有本事全速疾奔。羅梅
羅在二〇〇八年拍成《活屍日記》（*Diary of the Dead*），
旨在反駁喪屍的這種快速移動特質。片中的主人公一開始
就解釋：「死東西跑不快。……要是跑那麼快，腳踝怕不
早斷了。」

　　這場辯論顯然激發了喪屍研究界的活力，但同樣地，
它與國際關係的問題也無甚關聯。原因在於，無論食人鬼
行動速度是慢是快，死靈族危害的範圍極有可能跨越國
界。如果喪屍能快速移動並感染人類，那麼幾乎不可能將
其擴散範圍限制在單一國家或地區。[75]然而，就算喪屍速
度很慢，它們也不太可能局限於一個國家。緩速喪屍一旦
擴散，它引發的政策反應會同樣緩速，正如下文〈各種官
僚喪屍政策間的「互扯後腿」〉一章所述，初始的反應很
可能紕漏百出。

　　此外，根據喪屍的經典傳統推估，緩速喪屍發病前的
潛伏期也比較長。[76]《28天毀滅倒數》裡被感染的都是快

圖五：為何喪屍行進速度不影響其擴散？

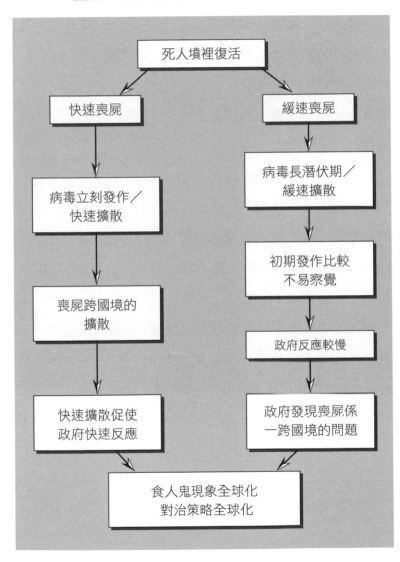

速喪屍。它們接觸到暴怒病毒時，會在三十秒不到的時間內「轉性」。羅梅羅的電影或是布魯克斯的《末日之戰》中喪屍的行動是緩速的。人被咬後，需要數小時或數天才會變成死靈族的一份子*。病毒作用的快慢與喪屍擴散的速度成正比。快速作用的病毒造成快速喪屍，而緩速作用的病毒則造成「老派」喪屍。

　　如果個體死去並變成食人鬼的過程需時較長，那麼他們在仍為人身的情況下也可能從感染的原地點移動到更遠的地方去。藉由現代的交通設施，受感染者可在二十四小時內從一個人口密集的大都會抵達另一個大都會。即便死屍復活現象只是單點爆發，最後也將禍及全球。此外，雖然喪屍瘟疫僅僅透過咬傷或是其他體液感染方式蔓延，但感染率卻是百分之百。即使像伊波拉病毒或COVID-19的omicron變異株這樣強大的疾病載體，其感染率也要低得多。[77]由於喪屍病毒的傳染力如此強大，其跨境傳播的結

---

* 【作者註】馬克・福斯特（Marc Forster）二〇一三年改編自《末日之戰》的影片將喪屍病原體發作所需的時間從緩速變為極速。它令個體在短短的十一秒內就變成喪屍，然後在電腦合成影像程式容許的範圍內以最快的速度移動。這事不說也罷。

果幾乎無庸置疑。

　　這裡應該強調，對於喪屍行動速度快慢的爭論在其他政策層面具有重要意義。對治喪屍快速擴散所需要的軍事方針、後勤疏散、難民策略和國土安全措施看起來與喪屍緩速擴散的情況截然不同。事實上，美國戰略司令部在其計畫中指出，「對付喪屍並沒有『一體適用』的辦法」。[78] 然而，本書所關注的是全世界的反應。如圖五所示，喪屍擴散速度的快慢可能導致相同的結果，也就是食人鬼現象的全球化。由於兩種喪屍中的任一種都會引發國際關係的問題，因此我們可以不將速度因素視為全球政策反應的關鍵。事實上，正如表一中的2×2表所示，喪屍的源起和移行速度都沒有太大的因果意義。

表一：所有政治科學研究都需要的2×2表

	快速喪屍	緩速喪屍
超自然的肇因	跨國境的安全問題	跨國境的安全問題
科學的肇因	跨國境的安全問題	跨國境的安全問題

　　本書分析的出發點是：要麼全球都有屍體復活現象，要麼是從單一起源向外擴散。無論哪種方式，它們都是所有國家在擬定其外交和國家安全政策時必須考量到的威脅。

　　於是我們來到核心問題：如果喪屍開始在地球上四處遊蕩，那麼不同的國際關係理論會預測什麼不同後果？

活死人的現實政治 *

　　現實主義不只一種[79]，但所有的現實主義者都應從一個共同的假設出發，即無政府狀態†是世界政治最重大的限制。無政府狀態並不代表混亂或無序，而是缺乏正統合法的中央權威。無論狂熱的世界主義者或陰謀論者相信什麼，反正世界政府（world government）都不存在。在世界政治中沒有武力壟斷的情況下，每個行為者都必須採取「自助」措施來確保自身的存續。對於現實主義者來說，一流的行為者就是那些能夠確保自身生存的行為者，亦即國家。因為武力是至高無上的力量，所以最上乘的行為者就是那些最有能力運用武力的國家，亦即擁有可觀武裝力

---

* 〔譯註〕Realpolitik：現實政治主張，當政者應以國家利益做為從事內政外交的最高考量，而不應受到當政者之感情、道德倫理觀、理想、甚至意識形態的左右。

† 〔譯註〕Anarchy：此指「政府之上再無其他政府」。

量的國家。

　　大多數現實主義者都認為，無政府狀態與自助需求已結合起來，並在國際事務中創造出反覆與持續的模式。在無政府狀態的世界裡，唯一重要的通貨就是權力，亦即一種在影響他人的同時又能抵抗壓力或脅迫的實質能力。如果某個國家積累越來越多權力，其他國家就有動機制衡該國，以防止其實現全面統治。[80]無政府主義的全球結構使各國政府無法完全信任彼此，迫使所有政府只以自己國家的利益為指導原則。

　　由於所有國家唯有依靠自己的資源和能力，現實主義者對國際機構規範世界政治的本事都抱持懷疑的態度。各國在考慮與其他行為者合作時，同時也會考慮利益的分配。像肯尼斯‧華爾茲（Kenneth Waltz）這樣的現實主義者所考慮的問題並非「我們雙方是否都能受益」而是「哪方受益更多」。[81]基於「制衡聯盟」（balancing coalitions）形式所締造的合作關係總是短暫且不穩定的。正如喪屍總是貪食人肉一樣，服膺現實政治的國家總是渴望更有利於自己的能力分配。如果各方把相對受益（relative gains）的考量擺第一位，合作關係就總是短暫的。[82]

由於無政府狀態是對國家行動的強大限制，現實主義者對其他國家的國內政治並不特別感興趣。一個國家的政府形式無論是民主的、專制的還是革命的，這對該國外交政策路線的影響只是次要的。無政府狀態的結構如此強大，以至於最終迫使所有國家偏好大致相似的政策，盡量提高安全防衛。但這不一定表示非得儘量強化權力不可，因為一個國家如果變得過於強大，即有可能引發所謂的安全困境（security dilemma），也就是說，由於獲得如此多的權力，以致其他國家決定組成一個制衡聯盟來對抗崛起的大國。[83] 縱使是信仰權力最大化的現實主義學者也同意，「水的阻力」*可能遏止任何意圖君臨世界的國家。[84] 現實主義者承認，有時，國家會因為國內利益而偏離這些預測。[85] 然而，萬一這種情況發生了，系統內的嚴酷競爭將迫使這些行為者改變作風，否則它們會比死屍更快腐敗。[86]

現實主義者像雷射光束一樣，集中關注國際間的權力分配。一國的興衰與它對世界政治結果的影響力成正

---

* 〔譯註〕Stopping power of water：米爾斯海默（Mearsheimer）認為，海洋的存在讓任何國家都無法實現全球霸權，因為它限制了軍事力量的投射能力，從而在全球範圍內分散了霸權。

比。大多數現實主義者認為，均勢政治是一種自然的調節機制。然而，霸權國家（hegemon）在世界政治中的突出地位可能為其帶來挑戰，權力轉移理論*家關心的便是兩者間的關係。如果某個霸權被另一個崛起的大國取代，發生戰爭的可能性就會飆升。[87]這種情況如發生在過去（從古希臘的斯巴達和雅典到第一次世界大戰前的英國和德國），世界就會充滿不確定性。過去，這種權力轉移的局勢經常引發大國之間的戰爭。如果崛起的大國表明它抱持修正主義目標（換句話說，想改寫世界現有的秩序規則），那麼這種衝突將會無從避免。

　　正如上文摘要所示，現實主義對世界有一種相當反烏托邦的（dystopic）、偏執的看法。也就是說，現實主義在喪屍世界中如魚得水，尤其是喬治・羅梅羅的電影

---

* 〔譯註〕Power transition theory：有關國際體系中權力分配與戰爭的理論。一九五八年，奧根斯基（Organski）在《世界政治》（*World Politics*）中提出「權力轉移理論」。一九八〇年，在他與庫格勒（Jacek Kugler）合著的《戰爭總帳》（*The War Ledger*）中，他透過量化模型，評估古典的權力轉移理論觀點與戰爭爆發的原因。奧根斯基認為，與傳統現實主義認為均勢保障各國間和平的觀點相反，均勢恰恰容易造成戰爭，反而是在權力分配不均的情況下，戰爭才不容易發生。

天地。在最早版本《活死人之夜》（一九六八年）的情節
中，有七個人被困在食人鬼環伺的農舍中。儘管屋外圍滿
共同敵人，但屋內的個體幾乎無法合作，親屬關係起不了
大作用。兩個分別的主權實體（地下室和一樓）很快由獨
立的個體（哈利和本恩）創建並加統治*。資源（食物、訊
息獲取、槍支）的分配問題正是激烈衝突的肇因。當權力
分配發生變化時，旨在創造公共利益（逃生和救援）的臨
時協議很快就會崩潰。

　　在羅梅羅一九七八年的《生人勿近》（*Dawn of the
Dead*）中也出現了類似的場景。這次，一群倖存者在購
物中心裡完成設防。儘管擁有豐富資源，但幾位主角還是
竭盡全力阻止另一群人進入商場†。後來有個騎自行車的團
體突破他們的設防，他們的反應竟是打開泊車區讓更多喪
屍闖進來，以分散自行車騎士的注意力。在羅梅羅一九八
五年的《喪屍出籠》（*Day of the Dead*）中，合作關係也

---

* 【作者註】本恩確實告訴哈利：「如果你要留在這裡，就得聽我命令行
　事！」
† 【作者註】自行車隊的人在購物中心橫衝直撞時，只見斯蒂芬咕噥道：
　「這裡是我們的。是我們占住的。這裡是我們的。」說完這話，他開始射
　擊那些騎士。

無法確立。事實上，莎拉這一角色在影片開頭後不久就抱怨：「我們都是各管各的」。

　　喪屍傳統經典上現實主義的印記不僅限於羅梅羅的作品。羅伯特‧柯克曼（Robert Kirkman）的《陰屍路》（二〇一〇～）也強調，源自無政府狀態的威脅比活死人造成的威脅更大。在第一季，格倫（Glenn）在亞特蘭大被一群敵對的人類倖存者帶走。黎克（Rick）與另一集團的領導人物協商釋放格倫，而這位領導人物意譯了修昔底德的名言解釋道，即使在後喪屍的世界中，「情況一如往昔，弱者會被俘虜。」人類集團間大多數的互動都不可避免地導致暴力衝突。黎克的集團設法建立對一處監獄建築群的支配權時，很快便引發與鄰近伍德伯里（Woodbury）地區的安全困境。黎克集團和總督集團之間的關係很快演變為零和局面。身為長久的競爭對手，總督和黎克兩集團一再相互攻擊，似乎成了沒完沒了的衝突循環。人類在面對復活屍體時無法合作，這是喪屍經典中的一個共同主題，一如現實主義在詮釋歷史時反覆出現的立場：國際合作只是徒勞無功。

　　食人鬼侵入後將如何影響世界政治？現實主義的答案

簡單到令人驚訝：國際關係基本上不會受到影響。儘管有人聲稱，這種侵入會對人類生存處境造成新的威脅，進而導致人類行為發生翻天覆地的變化，然而現實主義範式面對此一說法根本無動於衷。事實上，現實主義者應會同意丹尼・博伊二〇〇二年《28天毀滅倒數》中韋斯特少校（Major West）的觀點，亦即有關喪屍災難造成的後果：「我在病毒肆虐後四個星期裡只看到人殺人的慘況。這與我在感染前的四個星期以及往前的四個星期，還有再往前的四星期，總之就是在我願意追憶的時間裡，人始終在相互殘殺。在我看來，我們現在的處境也算正常。」

　　對現實主義者來說，死靈族肆虐正與昔日的瘟疫和災難相呼應。從羅馬帝國時期的塞浦路斯瘟疫到十四世紀的黑死病，到一九一八年的流感大爆發，再到COVID-19，疾病都會影響世界政治。新型冠狀病毒促使大國訴諸傳統的現實政治作為，例如中國和美國囤積了個人防護裝備等重要資源。「疫苗民族主義」（Vaccine nationalism）猖狂流行。美國暫時退出世界衛生組織，因為該國官員認為中國正在操縱世界衛生組織的政策。[88]

　　過去，大多數疾病的大流行會將既存的權力關係具體

呈現出來。由於較具活力、較強大的社會能對瘟疫產生較高的免疫力，因此它們在大流行期間便可獲得較大比重的相對權力。[89]同樣，現代研究表明，與較弱、較貧窮的國家相比，較富裕、較強大的社會能夠周全地抵禦自然災害。[90]現實主義者看不出喪屍肆虐的影響為何會與上述有所不同。美國戰略司令部對此表示贊同，並得出如下結論：「擁有較先進、準備較充分和較健全的醫療保健與農業系統的國家……將能夠更理想地減輕喪屍現象的許多影響。」[91]如果將修昔底德的精神加以發揮，喪屍的現實政治將是強者盡其所能，而弱者必遭受貪婪之復活死屍的吞噬。

我們可以肯定，即使是現實主義者也會承認，全球的權力分配將因死屍復活而發生一些變化。考諸歷史，自然災害曾加劇人類之間先前存在的衝突。某些政府將比其他政府更出色地擊退喪屍。那些擁有較強大安全和通訊基礎設施的國家應能平息一切境內的喪屍騷亂，然後重建國內秩序或是阻止喪屍跨境入侵。人口密度低的國家將有更多時間來適應死靈族的侵擾。地理隔絕並不能保證喪屍的預防措施奏效。正如羅梅羅在二〇〇五年的《活屍禁區》

（*Land of the Dead*）和馬克斯・布魯克斯二〇〇六年的小說《末日之戰》中所描述的那樣，水對死靈族的遏止功用是有限的，因為它們並不需要呼吸*。儘管如此，地理形勢仍然十分重要。一些地理特徵讓人在面對外部攻擊時能改變進攻／防禦的制衡關係，換句話說，在某些地形（例如海岸或是山脈）上，防禦要比進攻容易。[92]現實主義者偏好以山為邊界的國家，因為那可能較容易挫敗企圖從國外入侵的成群食人屍。一些國家毫無疑問會被活死人徹底蹂躪。

然而，世界政治的性質會改變嗎？不見得。擊敗喪屍的最佳策略和戰術將迅速傳播到整個國際體系（暫且不論此類計畫的倫理道德意涵為何）。例如，在《末日之戰》中，擴及全球的大戰略†乃源自於施行種族隔離政策之南非政府所想像的末日情景，即黑人的全面暴動。[93]這一戰

---

*　【作者註】可能也有例外：查理・布魯克在二〇〇八年的迷你電視影集《死亡片場》中暗示，快速喪屍在遇水時是一籌莫展，即使只是兒童戲水池也一樣。

†　〔譯註〕Grand strategy：又稱為高戰略（high strategy），以「有目的地運用一個安全共同體能運用的所有權力手段」來動員國家整體資源的總體戰略。

略呼籲策略性地犧牲幾個人口稠密的都會。然而，鑑於形勢的緊迫性，該策略很快在全球普獲採用。

　　現實主義者也預測均勢政治（balance-of-power politics）的出現。死靈族會不會建立一個對抗所有食人鬼的制衡聯盟？不能排除這種可能性，對於權力轉移的理論家而言尤其如此。比方，如果喪屍出現在歐亞大陸中部，它們快速擴張的能力可能促成一個自然制衡聯盟的建立，其目的旨在防止喪屍群蔓延到整片歐亞大陸。如果食人鬼入侵一批相當數量的國家，並創造出足夠數量的新食人鬼，那麼權力轉移的動力就會出現。後人類行為者（posthuman actors）將被視為迅速崛起的力量，而且沒有人會否認，他們對人肉的酷愛正代表徹底修正主義的戰爭目標。正如羅伯‧湯瑪斯（Rob Thomas）《我是喪屍》（二〇一五～一九年）所描述的，無疑有人會提出防堵策略，以作為限制死靈族占地擴張的一種辦法。[94]

　　然而，大多數現實主義者會質疑抗喪屍普世聯盟的穩健性。首先，推諉卸責同樣也是可能的結果。[95]說到推諉卸責，各國將避免對喪屍群體採取積極作為，而是希望其他國家會代替自己完成制衡的麻煩工作。因此，即使有個

強國設法建立一個抗喪屍的聯盟，其他政府也可能只在名義上加入罷了。

其次，支持聯盟的小型國家可能擔心，強大的會員國會把對喪屍的全球打擊行動當作工具，以增加自己的能力和利益。過去歷史為這一預測提供一些支撐。第二次世界大戰結束時，蘇聯在其軍事舞台上成立多個傀儡政府，以便在自身與西方集團之間發展出一個緩衝區。即使在冷戰的高峰階段、北約對共產集團施加禁運的戰略時，有些成員國因從對蘇貿易中獲益甚鉅，而一再與該戰略的範圍和性質產生衝突。[96]類似的情況於本世紀初在美國領導的「全球反恐戰爭」中也看得到。美國試圖協調全球力量，以打擊所有採用恐怖策略的非國家行為者，而其他政府的回應是：把被視為威脅國家存續但不太符合恐怖主義標準的團體也算進去。[97]

現實主義者可能預測，在任何形式對抗喪屍的征討行動中，也會出現相同操作，而且規模更加可觀。因此，有些國家可能利用活死人的威脅來獲取新領土，壓迫民族統一運動、清算舊帳或是征服競爭對手。中華人民共和國可以利用喪屍的威脅作為占領台灣的藉口。俄羅斯可以利用

同樣藉口合理化其對鄰近地區進一步的干預。在小說《末日之戰》中，這種衝突讓莫斯科有了重新占領白俄羅斯的理由。印度和巴基斯坦可能會互相指責對方未能控制喀什米爾的喪屍問題*。美國會忍不住誘惑，把喪屍的威脅視為戰略機遇。古巴的死靈族軍隊必須發展到多大的規模，美國陸軍第82空降師的部署才算名正言順？最後，現實主義者（尤其是美國的）無疑會援引前總統約翰・昆西・亞當斯（John Quincy Adams）的警告，不要到國外「找怪物來殺」。

有些現實主義者會走得更遠，因為他們認為，人類最終可能湊合著與喪屍結為聯盟，這與人類間的結盟一樣可能出現。如前所述，經典中的某些喪屍一開始就擁有戰略智慧，以致能夠認清與人類達成戰略協議的優點。喪屍研究學者可能反對這點，認為食人鬼既不會說話，也發展不出戰略思維。即使他們不具這類能力，多個喪屍敘事表明，死靈族會與時俱進，演變成更具威脅性的行

---

* 【作者註】在《末日之戰》中，巴基斯坦因未能控制境內喪屍肆虐的問題，而與伊朗發生軍事爭端。

為者。在魯本・弗萊舍（Ruben Fleischer）二〇一九年的《屍樂園：髒比雙拼》（*Zombieland: Double Tap*）中，下一代的T-800喪屍將「更強大、更致命、更難殺死」。在凱瑞（M. R. Carey）二〇一六年的《帶來末日的女孩》（*The Girl with All the Gifts*）中，第二代喪屍不但會說話，還具備更高階的認知思維。

　　現實主義者不可避免地會指出，羅梅羅作品中的怪物正是喪屍進化為國際戰略行為者的最佳例子。早在《活死人之夜》中，羅梅羅的食人鬼就表現出使用工具的能力*。在他日後的每一部電影中，死靈族的認知能力是越變越複雜了。《喪屍出籠》中的喪屍勃布（Bub）和《活屍禁區》中的喪屍大爺（Big Daddy）等喪屍都被描繪成比大多數人類角色更易博人好感的角色。勃布和大爺都學會用槍。勃布會說話、執行簡單任務，並能控制衝動，也就是說，不吃他喜歡的人。大爺和他的死靈族同夥發展出一套等級清楚的權威結構，還能學習戰術和策略。如此一來，它們

---

*　【作者註】在《活死人之夜》中，我們看到的第一個喪屍便用一塊石頭砸破芭芭拉的車窗。

便能攻占一座戒備森嚴的人類堡壘並殺死其中最強大的領
袖。喪屍的認知能力只需稍向前跨一步,就不難想像它們
在聯合國為自己的行動做出條理清晰的辯護。

　　在《活屍禁區》的片尾,喪屍主角和人類主角達成了
一項默契,彼此都放對方一條生路,這與現實主義的範式
完全一致。喪屍若想存續和繁衍,就得避免失去大腦。而
且,他們和人類一樣,也須適應世界政治中嚴酷的無政府
狀態。雖然一些新興的喪屍政府一開始可能會推行激進的
反人類政策,但無政府主義的體系最終會孕育出一些溫和
的觀點。[98]

　　在一個複雜的喪屍世界中,人類國家和喪屍國家之間
是有可能結盟的。事實上,任何企圖成立一個針對死靈族
之大聯盟的政府都會立即引發安全困境。奉行現實政治的
國家可以與新興的食人鬼政府建立權宜的臨時聯盟,以便
利用一切邁向全球抗喪屍之理想主義戰爭的舉動。比較
消極的策略是鼓勵約翰‧米爾斯海默所稱的「利誘」(bait
and bleed)和「消耗」(bloodletting)策略。[99]在這些情況
下,現實主義國家會設法煽動抗喪屍國家與食人鬼之間的
衝突,然後從雙方的損失中坐收漁利。在柯克曼的《陰屍

喪屍可以在聯合國為自己的所做所為辯護。

路》中，總督完美建構了類似的策略：將人殺死，以便他們稍後復活成為喪屍，然後利用喪屍對敵手遂行嚴重破壞。

　　現實主義者會主張不要干涉喪屍國家對待境內活人和死靈族的方式*。最後，現實主義者會得出結論，人類國家和喪屍國家本質上幾乎沒有區別。在現實主義的範式中，人類天生渴望權力，一如喪屍本性就嗜人肉，而權力和人肉都是稀缺資源。姑且不論個體特徵、制度機構或是對生肉渴望的程度有何差異，人類和喪屍的行為者都受到同樣強大無政府狀態的約束。兩組行為者都將採用機會主義策略，以增加自身在無政府狀態中的利益。因此，世界政治的基本特徵將保持不變。最後，現實主義者還會告誡人類政府：不要耗費大量鮮血和財力（尤其是鮮血）來進行殊難預測結果的抗喪屍冒險。

---

*　【作者註】毫無疑問，一些現實主義者可能呼籲提防一些慈惠政府無視本國利益的「人類遊說團」。

在自由世界的秩序中管制死靈族

　　與現實主義一樣，自由主義也有很多種範式。[100] 儘管如此，所有的自由主義者都有一個共同信念：在無政府狀態的世界中，合作仍然可行。自由主義者將世界政治視為一場非零和的遊戲。從國際貿易到核武禁擴再到大流行病防治等問題上的合作，可以產生大規模的全球公共財。這些獲益並非總能平均分配，但與缺乏政策協調的情況相比，它們確實使所有參與者的境況變得更好。因此，世界政治中的主要行為者為能享受好處，並為避免相互背叛所帶來的成本，便具有實現長期相互合作的動機。

　　自由主義者不相信世界政治中總能看到合作的結果。在一些情況下，各方偏好可能如此歧異，以至於參與者之間並無討價還價的餘地。即使非零和的交易可能發生，但實現這些利益的動機並不能保證合作的推動。合作帶來的好處往往不是排他性的，換句話說，任何人即使本身不參

與合作，也都將從全面的合作中受益。比方，如果一群勇敢的倖存者想出一種消滅死靈族災禍的方法，就像保羅・安德森（Paul W. S. Anderson）二○一六年的《惡靈古堡：最終章》（*Resident Evil: The Final Chapter*）所描述的那樣，所有倖存的人無論自己是否貢獻一臂之力，最終都將受益。這就如表二中的收益結構所示，產生了搭便車的問題。自由主義者面臨的難題是，雖然相互合作的結果好過相互背叛，但是如能單方背叛，那對所有人而言都求之不得。由於每個參與者都有相同的動機，結果可能是個「公地悲劇」*，亦即縱使大家合作會比較好，但每個人還是選擇背叛。[101]

　　不過，這種情況並非沒有希望。自由主義的範式提供了多種克服公地悲劇的戲局。[102]有些情況會拖長未來陰影†（shadow of the future），卻能增加合作的可能性。若與

---

* 〔譯註〕Tragedy of the commons：一種涉及個人利益與公共利益對資源分配有所衝突的社會陷阱。這個理論本身就如亞里斯多德所言：「那由最大人數所共享的事物，所受的照顧卻最少。」

† 〔譯註〕Shadow of the future：「未來陰影」是一個基本的博弈論概念：當我們期望隨著時間的推移而與他人再三互動時，我們的行為就會有所不同。在不得不進行多次互動的情況下，我們的行為會發生變化，因為我們現在會因先前的選擇受到懲罰或獎勵。

表二：公地悲劇戲局

		參與者B	
		合作	背叛
參與者A	合作	（3.3）	（0.5）
	背叛	（5.0）	（1.1）

搭便車的短暫好處相比，一個人的投資時間*越長，相互
合作的回報就越大。如果一個行為者預計存在一段時間，
那麼懲罰不合作的行為者、卻與「好」行為者配合無間的
應對策略（例如以牙還牙），即可長期維持多邊合作。

　　其他優秀策略可以增加合作回報，減少背叛所帶來的
好處。經濟上的相互依賴可以減少背叛動機，其方法是擴
大集體行動的世界以及相互不信任的世界彼此間的獲益差
距。[103] 如果政府知道，為了追求短期好處而行欺騙，這代
表自己在長期交易中將失去利益，那麼他們就不太可能那
樣做。負責監控和傳播訊息的多邊機構可以確保欺騙行為
必被發現、必受懲罰。[104] 這些機構會確認所有參與的行為

---

*　〔譯註〕Time horizon：指從開始投資到預先確定的投資回收日為止的期
　限。

者都一致同意遊戲規則，並闡明這些規則將在何時以及如何遭受破壞。

最後，民主國家更有可能彼此合作。自由主義者認為，民主國家更有可能具有共同的偏好，從而使得合作更加容易。更重要的是，國內法律和制度為民主國家提供了信守承諾、遵守國際協議的方法。[105]自由主義者也同意，現實主義者預測的那種所有人對抗所有人的霍布斯戰爭可能發生，但只會在非常極端的條件下發生。[106]經濟相互依存、民主政府和國際機構等因素應能促進世界上廣泛的多邊合作。

乍看之下，自由主義的範式似乎不適合拿來研究那強調世界末日的喪屍想像。事實上，在喪屍的天地中，自由主義的悲劇在於，它的一些核心原則會加速食人鬼的擴散。自由主義者提倡開放的全球經濟，以加強複雜的相互依存關係並激發政府合作的動機。正如開放的邊界會增加人口的遷徙和疾病的流行，它也會促進死靈族和受感染人類的跨境移動。[107]自由主義政策的規定似乎會加劇喪屍威脅的第一階段，就像全球化會導致COVID-19疫情加速傳播那樣，這就與現實主義形成鮮明的對比。因此，難怪很

多批判理論家會把喪屍那不受遏止的蔓延等同於資本主義本身那不受限制的傳播。[108]

同樣，自由主義者認為與喪屍的永續合作幾乎不可能，因為很難設想出可以迫使喪屍就範、令其參與合作的制裁性措施。畢竟它們和我們的偏好分歧實在太大。喬納森・庫爾頓（Jonathan Coulton）的歌《Re: 你們的腦》（*Re: Your Brains*）的副歌是從喪屍角度寫成的，這最能概括喪屍那無可妥協的談判立場：

> 我們只想吃掉你們的腦，
>
> 我們不是不講道理；意思是說，我們不想吃你們的眼睛，
>
> 我們只想吃掉你們的腦，
>
> 我們現在進退兩難；也許應該妥協：
>
> 如果你們打開門，
>
> 我們都會進來吃掉你們的腦

如果這代表喪屍的談判立場，那麼自由主義非零和談判的假設就不成立。如表三所示，在「喪屍悲劇」的遊戲

中，喪屍的主軸策略是吃人。「以牙還牙」的策略是行不通的。與活死人的合作和協調也如緣木求魚。

　　然而，更深入的分析表明，自由主義的範式可以提供分析重要的切入點。浪漫喪屍喜劇（簡稱rom-zom-coms）包含了自由主義的內隱和外顯元素。魯本・弗萊舍二〇〇九年的《屍樂園》描述的是在喪屍出沒的環境中，應該遵守的、清楚的求生準則。它的核心訊息除了需做有氧運動之外，還是個體間的相互信任。這也是約翰・麥克菲爾（John McPhail）二〇一七年《安娜與啟示錄》（*Anna and the Apocalypse*）的主題（儘管其中增加了聖誕的音樂曲目）。

　　艾德格・萊特（Edgar Wright）二〇〇四年《活人甡吃》（*Shaun of the Dead*）中角色之間的合作強度遠遠超過

表三：喪屍悲劇戲局

		人類	
		不殺喪屍	殺死喪屍
喪屍	不吃人類	（1.4）	（0.5）
	吃掉人類	（5.0）	（4.1）

喬治‧羅梅羅的任何電影。事實上，就在情節攀至高潮前，角色們發現自己受困在一個被活死人包圍的結構中。該場景與羅梅羅一九六八年的《活死人之夜》相同，只是這些角色身處酒吧而非農舍。然而，主角肖恩和羅梅羅電影中的人物不同，他用激動人心、推崇自由主義的言詞號召朋友和認識的人：「正如伯特蘭‧羅素（Bertrand Russell）所言，『唯一能拯救人類的唯有合作。』我想大家現在都可以理解，這句話有多麼適切。」這也是延尚昊二〇一六年《屍速列車》中主人公學到的一課。

　　在全球喪屍爆發如何影響世界政治的議題上，自由主義的範式也提供了一些值得注意的預測和解釋。喪屍研究上數一數二的大謎團可能是「食人鬼為何不會互相攻擊」，答案也許可以在自由主義最重要的洞見中找到。在羅梅羅一九七八年的《活人生吃》中，有位科學家觀察到，死靈族之間「沒有分裂」。在丹尼‧博伊二〇〇二年的《28天毀滅倒數》中，那些被「暴怒病毒」感染的人只把怒氣發洩到正常人身上，而非其他感染者身上。我們假設喪屍不會互相吞噬，不過令人驚訝的是，它們在設法割裂人類屍體時也不會你爭我奪，甚至在人肉越變越稀缺

的情況下依然如此。然而,從羅梅羅一九六八年的《活死人之夜》開始,喪屍要麼容忍彼此的存在,要麼積極合作以便打敗人類。

　　為什麼?自由主義的範式給出了一個簡單而理性的答案:活死人的未來長路漫漫。約翰·梅納德·凱因斯有句名言:「從長遠看,我們都是死人。」從長遠看,死靈族仍一直需要相互交流,所以才有最強大的合作動機。[109]如果喪屍團結起來,那麼人類將會面臨分裂危險。

　　儘管喪屍的團結令人生畏,但自由主義者預測,人類間多邊合作的力度也將不容小覷。活死人的擴張代表了經濟全球化中一個**負外部性***的經典問題。然而,從相互通商中獲益的國家還是導致食人鬼易於擴散,無意中令這個第三方得到好處。因此,各國看待喪屍的方式與看待源自全球開放經濟之其他公害物(public bads,例如洗錢或食源性疾病)的方式相同。

---

* 〔譯註〕Negative externality:經濟外部性分為正外部性(positive externality)和負外部性。正外部性是某個經濟行為個體的活動使他人或社會受益,而受益者無須花費代價,負外部性是某個經濟行為個體的活動使他人或社會受損,而造成這後果的人卻沒有為此承擔成本。

抗議「反對喪屍」政策的場面也不足為奇了。

　　全球治理結構是為對治全球危機而建立和擴大的。[110]
即使在COVID-19大流行的情況下，有證據表明，許多國
際性的治理組織擴大了其政策範圍以應付緊急狀態。[111]新
型冠狀病毒情況如此，喪屍也是這樣：自由主義者也許會
預測，強大的政府或將創建和強化旨在控制喪屍傳播的國
際機構。美國疾病控制和預防中心公開承諾，如果死屍開
始從墳裡復活，將向「國際合作夥伴」提供技術援助。[112]
事實上喪屍威脅將觸及許多不同的生活領域，以至於自由
主義者也會預測「複合政權」的出現。[113]包括聯合國安理
會、世界衛生組織和國際移民組織在內的眾多國際治理組
織，將頒布一系列旨在打擊現存的喪屍群並防止其進一步
蔓延的政策*。有必要成立一個協調機構，甚至可能是世界
喪屍組織（WZO），以處理一切健康、貿易和安全等重
疊的問題。最後，有的組織將宣布一項作為其行動方針的
「去喪屍化全面綜合戰略」，且將獲得地球公民社會利害

---

* 【作者註】由於喪屍將被納入基因改造生物的範疇，歐盟將立即援引《卡
　塔赫納生物安全議定書》（Cartagena Protocol on Biosafety）作為跨境運送
　復活死者之身體組織的關鍵監管機制。

相關者的充分支持*。

　　自由派的期望是，有個抗喪屍的複合機構可以在喪屍問題上取得重大進展。將死靈族從地表清除掉，這非常明顯可以造就公共利益，同時提升協調重大政策的可能性。[114]死靈族可被歸入「系統性威脅」的類別，和恐怖主義以及全球流行病同性質，而各國傳統上已有跨界合作從事這類有意義活動的經驗。這一預測也與喪屍論述的關鍵部分一致。在馬克斯・布魯克斯二〇〇六年的小說《末日之戰》中，發動進攻的決定是在某次聯合國會議之後做出的。[115]美國秉持自由國際主義立場，負責領導並拿出強烈的社會使命感以爭取支持。[116]

　　這些全球治理機構在打擊死靈族的行動上績效將是如何呢？幾十年來，這類機構的績效問題一直困惑著國際關係學界。[117]可以確定的是，北約或《禁止化學武器公約》等自由安全制度都有可靠的成功紀錄。[118]在這講究即

---

*　【作者註】自由主義的這種預測主要取決於初始的政策反應是否有助於減緩食人鬼的擴散。如果決策者最終認為，任何行動都無法阻止死靈族的蔓延，那麼「未來陰影」就會消失；自由主義者或將預測行為者會採取不合作的終局策略。這時，藏匿和囤積將是適當的反應。

時通報的年代裡，安全和衛生機構監測和快速傳播訊息的能力將有助於及早對喪屍問題做出敏捷反應。全球化的結果無疑促進了提升生物安全所需要的技術和監管協調。[119]大家至少可以預期對活死人實行重大的擊退行動與嚴格的監控，這與安德魯・庫里（Andrew Currie）二〇〇二年影片《費多》（*Fido*）的開始部分或蜜拉・格蘭特（Mira Grant）二〇一〇年的小說《餵食》（*Feed*）的結局部分大致同調。[120]

　　儘管宏觀形勢可能看起來穩定，但它也可能不完美。目前，跨境運送屍身的規定已存在重大的漏洞。[121]即使現行國際法的內容不致說變就變，但喪屍還是對全球治理的機構形成嚴峻考驗。喪屍帶來最困難的治理問題，就是禁制機制（prohibition regime）。[122]除非每個食人鬼都被逮捕，然後將其毀壞到面目全非的地步，否則死靈族可能不斷死灰復燃。肩負消滅疾病任務的國際組織表明，這項任務天生具有難度。天花的禍害已被消滅，但其他疾病幾乎沒有哪一種被徹底根除。[123]愛滋病、小兒麻痺、瘧疾、肺結核以及無數流感和冠狀病毒株持續肆虐，說明了國際抗喪屍組織恐將面臨的挑戰。

　　自由主義的範式或將預測，在全球抗喪屍行動中可能
出現的兩個重大漏洞。首先，一些國家可能無法及時提供
有關喪屍爆發的訊息，導致問題升級到超出可被就地控制
的規模。專制政權國家通常不願承認境內出現健康危機，
因為如此一來可能會不利於國家對社會的控制。比方，
在亞歷杭德羅・布魯格斯（Alejandro Brugués）二○一一
年的影片《夏灣拿獵屍王》（*Juan of the Dead*）中，古巴
政府最初將活死人歸為受美國支持的異議者。此外，正
如〈國內政治：所有的喪屍政治都是在地的嗎？〉一章所
示。非民主的政權不太可能投資於預防或遏制災害所需要
的公共財。[124]這就是災害發生時，專制政權國家為何會遭
受較嚴重人命損失的一個原因。[125]地方官員可能會延遲通
報喪屍爆發的消息，因為他們害怕自己成為傳遞壞消息的
人。發展中國家可能缺乏監控活死人復活的基礎設施。他
們必定擔心，食人鬼來襲的消息一旦發布，任何大型的市
場管轄權（market jurisdiction）無論拿出什麼應對政策，
都將對經濟造成衝擊*。中國在二○○二～○三年以及二○

---

*　【作者註】這個問題不僅限於發展中國家。如果發現食人鬼，將立即做出
　　兩種明顯的預測：歐盟將對英國牛肉實施全面禁令，日本和韓國也將對
　　美國牛肉實施類似禁令。

一九～二〇年間前後在向世界通報其嚴重急性呼吸道症候群（SARS）與COVID-19（SARS-CoV-2）病例的嚴重性時缺乏透明度。這就是該種政策窒礙難行的典型案例。[126]中國在《末日之戰》中的行為模式與此相似，甚至因掩蓋自身喪屍問題的嚴重性而引發了一場台灣危機。[127]

其次，可能有盡力保護活死人的非政府組織出面奔走，成為消滅活死人的障礙，這其實也不足為奇。非政府組織是否有能力改變全球的治理結構？這是國際關係學界的一個辯論主題。[128]然而，全球公民社會至少可以提高實施全球治理規則的處理成本。當前至少已存在一個支持喪屍平權的非營利組織，即英國「公民爭取死靈族權利與平等」（Citizens for Undead Rights and Equality）的運動。[129]日後若出現更強勢的激進組織，例如「喪屍權利觀察」（Zombie Rights Watch）、「無國界喪屍」（Zombies without Borders）、「幫幫喪屍」（ZombAid）、「對待喪屍要講倫理」（People for the Ethical Treatment of Zombies）、「美國死靈族第一」（Undead America First）或是「喪屍命也是命」（Zombie Lives Matter）等，無疑會使「世界喪屍組織」徹底根除喪屍的工作受阻。似乎極有可能出

現洩漏有關抗喪屍機構敏感和機密訊息的「喪屍解密」
（ZombieLeak）網站。

　　雖然這些陷阱可能有問題，但也不應誇大這些問題。
即使證明多邊解決方案並不足夠，自由主義者也會期待作
為後盾之「小多邊」組織或是區域組織的出現。萬一「世
界喪屍組織」束手無策，美國也可能制定「北美抗喪屍協
議」（North American Counterzombie Agreement）以對治
區域性的問題。同樣，人們會期望歐盟委員會頒布一切指
令的母法以應付這一問題＊。東南亞國家協會、南方共同市
場†、阿拉伯聯盟和非洲聯盟也將隨後跟進。全球大部分的
公民社會也不太可能對消滅死靈族的行動提出過多的反對
意見。至於喪屍維權問題，較強大的非政府組織很可能因
擔心引發捐助疲勞或政治反彈而無意推動自己所倡導的議
題。[130]

　　自由主義範式所預測的結果將可能是不完美的，而且

＊　【作者註】本文篇幅有限，無法在此討論歐盟內部如何處理喪屍問題委員
　　會的工作程序，然其棘手程度應是無庸置疑。

†　〔譯註〕Mercosur：南美地區最大的經濟一體化組織，也是世界上第一個
　　完全由發展中國家組成的共同市場。

隨著時間的推移，容易受到政治批評，很像目前歐盟的形式那樣。儘管如此，該體系也有望運作良好，以致可以抵禦喪屍大災難的降臨。喪屍潮大爆發無疑將會發生。在聯合國的支持下，準永久性、基於人道考量的抗喪屍任務可能必須在抵抗失敗的國家中執行起來。自由主義者可能承認，想永久消滅食人鬼是不可能的。然而，把喪屍問題減低為一個可控制的威脅，這結果將以可預見。用自由主義者的話來說，在大部分情況下，大多數政府都能殺死大多數的喪屍。

喪屍的社會建構

　　建構主義（constructivism）是最近廣泛獲得學術界認可的國際關係範式。正如現實主義和自由主義的範式一樣，建構主義的方法也是多不勝數。[131]然而，建構主義方法確實共有一組有關世界政治的核心假設。這些假設和因果機制圍繞著兩個中心原則：現實的社會建構，以及在說明和詮釋世界舞台上的行為時，身份認同的重要性。

　　對於建構主義者來說，經濟財富和軍事力量等物質因素十分重要，但更重要的是社會結構如何過濾和詮釋這些物質能力的意義。例如，喪屍並不是社會世界中唯一渴食人肉的行為者。如果有足夠的機會和意願，食人族、鯊魚和實在飢餓的熊也會鎖定智人這一目標。然而，大家普遍認定，喪屍會對人類構成更大威脅。為什麼？有一些物質因素需要考慮：據我們所知，熊不會藉由咬人而把人變成更多的熊。然而，建構主義者也許會指出，這種解釋並不

完整。喪屍威脅到了人類的關鍵原則，即不為維持生計或作樂而互相吞噬，結果才會引發較嚴重的安全疑慮。

建構主義者主張，跨國規範是對世界政治行動的有力約束。例如，核武器是人類歷史上最強大的破壞力，但自一九四五年以來就不曾在戰爭中使用過。社會建構主義者認為，隨著時間的推移，關於核武器的使用已然形成一種禁忌。[132] 在社會中，行為者通常避免違反強大的社會規範，因為他們不想被同儕排斥。建構主義學者認為，這種效應也存在於全球社會裡。總體而言，政府都希望避免被國際社會中的其他行為者排擠。[133]

對於建構主義範式同樣重要的是：「身份認同」在定義行為者及其偏好方面所起的作用。身份認同是在相互承認的基礎上發展或建構起來的。權威行為者在國際社會被認定合法正統，不僅因為自視如此，還因他者亦承認其合法正統。行為者（包括國家，但不限於國家）一部分是透過將自己與「他者」區分開來而定義自己。[134] 這為一切的行為者提供一種本體論意義上（ontological）更強大的安全感，而這種安全感將指導他們在世界事務中的行動與信念。[135] 因為喪屍曾是人類，而如今成為從死裡甦活、貪得

無厭的食肉屍體，這可能會使人類更無法確定自己的身份認同或是它與挑戰者如何區別。

　　喪屍經典的重要元素都具有建構主義的傾向。正如文化評論家所觀察到的，喪屍電影中的恐怖並非來自單一食人鬼，而是來自不斷擴大的喪屍群體。[136] 換句話說，當大量個體融入死靈族的陣營時，恐怖就會增加。同樣，喪屍電影不斷提出關於食人鬼和人類之間身份區別的問題。這些問題引發人類主角極大的焦慮，偶爾還會讓他們做惡夢。有項針對喪屍文藝類型所作的文化分析觀察到：「這麼多喪屍電影的顯著之處在於，瘟疫／事故／外星人入侵引起喪屍感染的蔓延後，倖存者幾乎不會將自己與喪屍區別開來。喪屍就像你，也像我。」[137] 在喬治‧羅梅羅電影中的人物都不禁提起活人與死靈族之間的相似之處。一九六八年《活死人之夜》中的喪屍和滅屍大隊的行徑幾乎不分軒輊。在一九七八年的《活人生吃》和一九八五年的《喪屍出籠》中，有個人類角色在討論喪屍時只簡單說了一句：「它們就是我們。」羅伯特‧柯克曼二〇〇五年漫畫《陰屍路》中最具代表性的一句話便是瑞克‧格萊姆斯（Rick Grimes）說出的。他在盛怒和絕望中向團隊的其他

人喊道:「我們是行屍走肉!」

　　有人可能主張,社會建構主義比其他範式更能處理如死人從墳墓裡復活這樣的超自然現象。如前所述,建構主義者曾試圖理解其他的超自然行為者(例如幽浮)。然而,這些先前即已存在的理論論點究竟適不適用於喪屍其實有待商榷。例如,有關官方否認外星人一事,亞歷山大·溫特(Alexander Wendt)和雷蒙德·杜瓦爾(Raymond Duvall)的建構主義解釋是建立在「外星人掌握的技術優於人類」此一前提上的。[138] 外星人科技的優勢削弱了人類世界觀中以人類為中心的本質。因此,幽浮沒能獲得承認,因為官方的承認會危及地球上智人的主權。然而,由於幽浮已成為學術界和政府研究的對象,溫特和杜瓦爾的理論便應該質疑。[139] 雖然喪屍因為已經死亡,所以比人類擁有較多戰術上的優勢,但它們的科技能力卻比人類低很多。說實話,溫特和杜瓦爾的論點並不能擴及吸血鬼、幽魂、貓王或尼斯湖水怪,更不用說喪屍了。這種幽浮特有之建構主義的變體注定要走入理論的死胡同。

　　不過,建構主義的範式也提供了一些有用的預測和政策建議。建構主義者在面對死靈族的向外擴張時,無疑將

會辯稱：喪屍是人類造出來的。[140]也就是說，人類應掌握許多可能對付喪屍的緊急命令。一種可能的規範是霍布斯式「殺或被殺」的局面，在那其中，人類彼此相互殘殺或與活死人彼此攻擊。一些研究[141]以及大多數喪屍經典論述都給出如下的總結：對活死人崛起的自然反應將純粹是恐慌，導致真正無政府的狀態。

與此相反，大多數建構主義者會假設一個不同的結果：出現一個康德式的「多元抗喪屍安全社群」（pluralistic counter-zombie security community）。在這種社群中，政府共享主權和資源以求對抗死靈族的威脅。[142]有關個人如何應對人為災害和自然災害的實證研究揭示，這要比喬治・羅梅羅全部作品中所預測的結果更有可能發生。[143]麗貝卡・索爾尼特（Rebecca Solnit）觀察到：「在地震、轟炸或大風暴過後，大多數人都不自私，只急切關心周圍的人，無論陌生人、鄰居、朋友和親人都一樣。災難發生時，自私、恐慌或退化的野蠻現象幾乎不可置信。」[144]人類學的研究進一步表明，只有在資源極度稀缺的情況下，人類的社群才會互相攻擊。[145]

如果食人鬼是災難的根源，那麼這可能更站得住腳。

喪屍的出現一開始可能助長一些本體論意義上的不安全感，但隨著時間的推移，喪屍威脅那無法改變的結果應該會在人類之間激起更強烈的集體認同感（因為他們沒有與生俱來的、食用活人內臟的衝動）。[146] 查克・史奈德二〇二一年《活屍大軍》中有位安全官員解釋，感染喪屍病毒的第一個跡象是：「好勇鬥狠、行為超出社會規範」。反過來看，人類共享的認同感應能培養出一種更強大的、本體論意義上的安全感。在美國國家廣播公司 Syfy 頻道的電視劇《喪屍國度》（*Z Nation*）中，後末日世界中出現了一個社會規範：死去的人會得到「憐憫」，確保他們不會化為活死人。此一情節安排誠非巧合。事實上，對於一些建構主義者來說，喪屍引發的生存危機可能是打破民族主義分歧和推動建立世界國家所需的外來衝擊。[147]

在應對喪屍來犯的舉措上，應敦促領頭的行為者建立多元化的安全社區。說到這點，建構主義者會提出兩個雖有爭議但不失具體的政策建議。第一個防範於未然的辦法是：銷毀幾乎所有已面世的喪屍電影。建構主義者有意或無意認為，喪屍敘事的一致性在社會上構建了「末日神話」。正如弗蘭克・弗雷迪（Frank Furedi）所觀察到的：

「災難經歷無論大小都是一種社會現象，常透過公眾的文化想像加以傳達。」[148]暗示恐慌、災難和混亂的文化敘事可能會對現實世界產生影響。[149]如果每個人都預期活死人的崛起會引發驚駭和恐怖處境，那麼這些誤解很可能會具體化這一結果。喪屍經典強調死靈族大災難中人人相食的本質，這些意象可能會在精英和大眾的認知中被鞏固。安全事務當局至少應該補貼那些持相反觀點的敘述，也就是強調面對食人鬼時，人類表現堅強耐受力的敘述。馬克斯‧布魯克斯的小說《末日之戰》中出現這種情節絕非巧合。

　　第二個政策建議或許是將喪屍社會化為人類文化。簡‧韋伯（Jen Webb）和山姆‧伯納德（Sam Byrnard）觀察到：「喪屍並不愛獨來獨往，它們似乎更喜歡成群結伴生活在已建構的社會環境中。」[150]喪屍經典中也有活死人學習或採用人類行為規範的例子。在羅梅羅的《喪屍出籠》中，洛根博士（Dr. Logan）認為喪屍展現了「社會行為赤裸裸的開端」，人類社會從而可能將它們加以社會化。這當然是他們努力「訓練」勃布的目的。同樣，在艾德格‧萊特二〇〇六年《活人牲吃》的結尾，有個蒙太

奇片段展示了英國社會如何重新整合倖存的喪屍，讓它們化身為遊戲節目的參賽者、白天脫口秀的嘉賓、超市的工作人員和電子遊戲的玩家。在以撒克·馬里昂（Isaac Marion）二〇一一年的《體溫》（*Warm Bodies*）中，喪屍R慢慢避免喪屍的習慣，並開始接受人類的規範和行為模式。所有這些例子都與建構主義學者所倡導的社會化努力相呼應。如果死靈族學會再次表現得像人類一般，那麼建構主義者會假設它們已經放棄了食人鬼的身份。

　　這些政策建議也許有用，但徹底的建構主義分析也將不得不承認一種較可悲的可能性。如上建構主義所建議的政策都植基於一種假設：喪屍一旦來到地表上漫遊，人類必須在它們擴散到自己無法控制的地步前將其社會化。然而，如果湧現大量的食人鬼，那麼建構主義範式則會提出一個非常不同的預測。建構主義者會預測，活死人的擴散會帶來新一波的「規範擴散」*。[151] 規範擴散的功能類似於

---

*　〔譯註〕Norm cascade：美國建構主義學者瑪莎·芬尼莫爾（Martha Finnemore）及凱瑟琳·希克金克（Kathryn Sikkink）於一九九八年發表〈國際規範的動力與政治變革〉（International Norm Dynamics and Political Change）一文，其中提出了規範生命週期理論的觀點，認為國際規範的動態發展可以看作一個生命週期（Norm Life Cycle），第一個階段是

同儕壓力：當個人看到他人遵守特定的行為標準時，他就比較有可能也遵守該行為標準。等到較大比例的人類個體轉而服膺死靈族的信念時，其餘的人類將感受到巨大的物質和社會壓力，以至於不得不適應喪屍的規範。

　　從眾模因（conformity meme）經常出現在喪屍經典中。在《末日之戰》中，布魯克斯曾提到「通敵者」（quislings），也就是行為表現得像喪屍一樣的人類。正如片中某一角色所描述的，「這些人是喪屍，也許軀殼不是，但心智上與之無異」。[152] 在《活人牲吃》中，幾個主要角色竟練習起拖步行走和呻吟，以求融入喪屍群體。在魯本·弗萊舍的《屍樂園》中，比爾·墨瑞（Bill Murray）在夜裡出門前不忘先打扮成喪屍的樣子。即使人類僅僅為了存活而採用喪屍規範，但隨著時間的推移，這些行為將開始構成他們的身份認同。

　　規範如要普獲接受，服膺人數必須更多，而習慣本身也必須具內在的吸引力。雖然人們偶爾會駁斥「活人肉很

　　　規範興起（Norm Emergence），即規範開始出現；第二個階段是規範擴散（Norm Cascade），規範開始廣泛的被接受；第三個階段是規範內化（Internalization），大家對於規範的內容不再質疑。

有吸引力」的想法，但喪屍生活方式的其他組成部分還是
可能吸引許多人。活死人覺得沒有必要洗澡、刮鬍子或換
衣服，也不會根據外表來判斷他人。喪屍不會出於種族、
膚色、信仰或性取向等因素歧視別人。說來矛盾，它們
比任何人類個體都更「清醒」。死靈族總是成群結隊地出
沒，且又非常環保，因為它們到處閒蕩，只吃在地的有機

極其詭異，大學生與喪屍的生活風格竟然略相彷彿。

農產品。這種描述準確地捕捉到典型大學生、研究生或都市潮人（許多社會變革的推手）生活方式的不少特徵。喪屍可能擁有軟實力的隱藏儲備，以致人類也會想要喪屍所想要的東西。[153] 假設這些文化先鋒將喪屍規範納為一種生活方式，或甚至只是種時尚流行趨勢，其他的倖存者最終也將內化所有的喪屍規範，包括以喉音呻吟、拖腳步行走和聞起來有死亡的溫存氣味。最終，社會化的人類和喪屍都會渴望吃到頑固個體的肉。到這地步，概念上的喪屍類別將不限於復活的屍體，這也將是一種社會結構。

後人類世界的超性別政治

　　關於活死人的兩個重要面向表明，主流國際關係的學者並不真正理解威脅的嚴重性。首先，由於大多數主流學術研究都將國家作為世界政治的主要行為者，因此在這種傳統中工作的研究人員可能步調太慢而無法理解喪屍帶來的可怕風險。其次，有關喪屍一個最基本、但未被充分討論的面向是：它們物化人體。根據定義，活死人並不將人類視為具有思想、感情和身份認同的個體，而是將其視為有觸覺、能感知的美味肉體，只待它們攫取享用。喪屍以一種徹底否定「他者」的方式渴求人體，而這種偏好排序也不投合哪怕是最死硬派的現實主義者。

　　當然，這兩個問題長期以來一直是國際事務中較具批判視界的領域。人們尤其可以假定，以女性主義方法來探究國際關係最適合用以評估活死人的影響。[154]根據瑪麗・戴茨（Mary Deitz）的說法，女性主義理論有能力廣

泛利用各種方法論來分析世界，這些方法論包括（但不限於）：「批判理論、話語倫理（discourse ethics）、政治自由主義、分析哲學、詮釋學、結構主義、存在主義、現象學、解構主義、譜系學、後結構主義、後殖民理論、精神分析、符號學、文化研究、語言分析、實用主義、新馬克思主義和後馬克思主義。」[155]面對如此強大的分析工具庫，活死人卻沒有機會。

女性主義方法與國際政治的其他範式一樣，涵蓋一大串的異質理論，從自由主義女性主義到批判女性主義（critical feminism）再到後結構主義。[156]不過，所有的女性主義方法都有一些共同的關鍵特徵。第一個也是最重要的共同觀點是：世界政治的現實取決於關於男人和女人的屬性，還有他們在世界上可以扮演、正在扮演與應該扮演的角色。簡言之，女性主義理論家主張，性別作為一套社會結構成份，反映出男人和女人如何將事情與我們在世界上看到的政治結果聯繫起來，即使是看起來與性別無關的情況，比方死靈族的可怕出沒。

其次，女性主義者觀察到，世界政治的現實以及世界政治的國際關係理論都被構建來邊緣化這些性別化的現

實，進而邊緣化女性的角色。[157]這種情況反映在主流的學術研究中。造成現實主義者或自由主義者困惑的東西（例如戰爭的起因、國家促進自身利益的方式），都以將性別置於話語邊緣的方式被構建起來。[158]僅舉一個例子，外交和軍事方面的治國之道幾乎總忽略掉女性的傳統角色，從支撐外交話語的關鍵邏輯到為家事服務業提供便宜外勞人力等等都是。[159]儘管性別角色和經歷有時是解釋安全結果的核心，但這兩者偏偏在國際關係和國際關係理論中都被邊緣化了。

　　所有女性主義理論的第三個共同點是範式的標準規範核心（normative core）。「男流」*學者認為，他們的工作在於如實呈現世界樣態，而女性主義學者則認為，她們的功用多少在於顯露世界政治中高度性別化的結構，以求加以改善。[160]唯有解構主流範式、剝奪它的特權，女性主義的方法才能揭發現代國際政治固化性別、將暴力加諸婦女

---

*　〔譯註〕Malestream：女性主義理論家提出的一個概念，用於描述男性社會科學家（特別是社會學家）的研究態度，該態度側重於男性視角，然後假設研究結果也可以應用於女性。該術語最初被用來批判為男性所主導的社會學，後來也被應用於地理學、人類學、神學和心理學。

的無數方式。女性主義的方法強調,即使處在民族國家間的和平時期,世界也不是真正能夠和平對待女性。闡明這些事實有助於鞭策該體系朝向更有利於女性主義者的平衡狀態發展。[161]

　　自由主義的女性主義者意識到,世界政治以繁多的方式將女性邊緣化。不過,她們也相信,將女性從傳統性別化的角色中解放出來,可以讓國際社會更順利地運作。這種邏輯亦延伸到自由主義女性主義對喪屍問題的分析。如果加上喪屍再來攪和,那麼對女性有好處,也有利於對抗活死人的策略。例如,大量研究表明,將性別平等和限制歧視編入法典的國家,在各個方面都會更加安全。[162]換句話說,對女性主義較為友好的政府也較能免受外部威脅。從邏輯上講,活死人的威脅應能加速那些解放政策的落實,從而使那些被邊緣化的人受益更多。

　　自由主義的女性主義者可以指出喪屍經典中與這一論點一致的面向。例如,在查克・斯奈德二〇〇四年重拍的《活人生吃》中,一群倖存者進入商場後,卻發現自己受商場白人、男性、異性戀父權制的保全控制。這段時間的治理被描述為高度的功能失調,非但衝突一再發生,而

且限制了個人的自由。然而，一旦倖存者接手管理了，由此產生的治理結構會變得更好，因為在新領導人安娜的支配下，決策較能基於共識，並產生較理想的結果。同樣，在喬治・羅梅羅二〇〇五年的《活屍禁區》中，幾個核心人物將施蕾克（Slack）從她原先被派定的妓女角色中解放出來，並使她成為保安組織中不可或缺的一員。在羅伯特・柯克曼二〇一〇年開始之《陰屍路》的後面幾集中，女性角色（尤其是米瓊恩〔Michonne〕、安德蕾亞〔Andrea〕和卡蘿爾〔Carol〕）在保安工作上都發揮了重要的功能。觀眾在Syfy頻道二〇一四至一八年《喪屍國度》中的一條故事線見識了「慈悲姐妹」（Sisters of Mercy），這是一個旨在保護居民免受活死人和活生人傷害的女性主義團體。在《惡靈古堡》的系列影片中，女性角色（尤其是愛麗絲）似乎更有能力與活死人纏鬥*。曹日亨二〇二〇年《活著》（#Alive）中的男主角如果沒有遇到女鄰居並接受她的協助以及較高明的策略指導，他恐怕

---

* 【作者註】我把它留給未來的學術界去研究，以探討為何如下兩者之間似乎存在正相關的關係（positive correlation）：《惡靈古堡》系列中打擊喪屍之不同角色的戰鬥能力以及他們所穿戴之施虐狂裝備的多寡程度。

凶多吉少了。在許多有關喪屍的經典作品中，故事結尾時
女性倖存者的占比高得令人驚訝，這點絕非巧合。

　　對於自由主義的女性主義者來說，消除性別障礙既有
益於世界社會，也有益於對抗喪屍。事實上，自由主義的
女性主義者唯一仍擔憂的是，這種方法的策略和成本將如
何拿到公共領域裡進行辯論。不難想像，一些女性主義者
會敦促女性「起義」加入抗屍大戰。她們可以藉著努力，
在抗屍組織中攀升至稀少的頂尖領導職位，如此一來，這
些領導者可以為一代又一代抗屍戰鬥中的女性樹立榜樣。
我們也不難想像，有人會對這種方法提出批評，哀嘆又想
在職業抱負中取得平衡、又想管好家庭，還要經營與人類
和食人鬼的煩心關係，這真強人所難。女性在喪屍災難的
末日場景中，是否可以做到「兼顧一切」的地步，這爭論
將無止無盡地發酵下去。

　　活死人對國際社會將產生什麼影響？批判的女性主
義（critical feminism）對此將會採取較褊狹的觀點。他們
將專注於如下這一問題：喪屍如何會對現存社會中權力遭
剝奪的份子構成嚴重的威脅。人為的災難甚至會進一步邊
緣化社會中最弱勢的份子（女性尤其明顯）。[163]在這種氛

圍下，女性主義中的批判理論家正設法找出一種途徑，以將性別作為一種分析類別以及一種對於解放計畫的歷史承諾。[164] 可以預見，在活死人面前也會開展類似的動力。例如可以想想食人鬼對國家組織的預期影響。安全機構不可避免地會被優先考慮，但這些政治權力領域往往最排斥女性。更糟糕的是，安全部隊在國際間的擴大部署也將導致賣淫和性販賣的猖獗。[165] 這反而可能進一步鞏固先前已存在的性別結構，而非將其破壞。正如安·提克納（J. Ann Tickner）所觀察到的，「在處理國際政治現實時，與女性氣質相關的特徵均被視為負擔。」[166] 因此，活死人的存在可能會加劇基於性別的從屬關係。批判的女性主義者會對喪屍大災難引起的證券化（securitization）及其對社會女性化份子（包括婦女和窮人）造成的影響表示擔憂。雖然自由主義的女性主義者可能主張，喪屍這一外來衝擊或將迫使社會賦予女性權力，但批判的女性主義者則可能預測，政策反應會巧妙地將現狀推往相反方向。

　　我們當然可以在喪屍經典中看到傳統女性角色的具體呈現。在羅梅羅一九六八年的《活死人之夜》中，食人鬼的恐怖陰影使芭芭拉的角色徹底失去了能力。在這部影

女性在喪屍災難的末日場景中，是否可以做到「兼顧一切」
的地步，這爭論將無止無盡地發酵下去。

片最初的場景中，她被描寫為一個自信、沉著的人。然而，在第一波的喪屍來襲之後，她因恐懼而癱瘓了，並在影片接下來的大部分時間裡變得沉默不語。芭芭拉喪失了行動力，大部分時間只能坐在沙發上，神經處於近乎緊繃的狀態，而男性角色則在一旁爭論如何行事。在丹尼・博伊二〇〇二年的影片《28天毀滅倒數》、布賴恩・基恩二〇〇四年的小說《崛起》（*The Rising*）和Netflix二〇一九年的《喪屍國度續集》等作品中，我們看到安全部隊費盡心血來囚禁充當性奴的女性。在柯克曼《陰屍路》的前兩季中，女性擔當了傳統賦予她們的性別任務，例如洗衣、準備食物和教育孩子。事實上，卡蘿爾有一次告訴勞莉（Laurie），她是主要倖存者群體中的「第一夫人」。只有當群體規模縮小時，性別分工才會失效。後來，勞莉懷孕的事被認定為該群體在監獄中尋找固定根據地的驅動力。群體成員對她懷孕的事議論紛紛，認為那不切實際，而這些對話強調了如下這種觀念：在喪屍肆虐的世界中，傳統的女性任務只會起反作用。勞莉隨後在分娩時去世，而這正是此種偏見最明顯的補充加固。批判的女性主義者應該會對活死人的影響深感悲觀，並敦促盡可能

做好預防措施。後結構女性主義者會以更加激進的視角來看待喪屍問題，並認為其他女性主義者忽視了交匯性（intersectionality）在身份認同形成過程中的重要性。

　　後結構主義者強調，任何個體都存在於多個相互改變之身份的交匯處。在一個交匯性的世界中，國際關係不僅高度性別化，而且在結構上也將種族和性取向問題邊緣化。[167]這種理論化的一個關鍵目的是將國際關係從其種族主義、性別歧視、異性戀的桎梏中解放出來。因此，人們自然而然會進一步想到，導入喪屍問題是否僅是為了將世界社會劃分為人類和後人類兩個領域的藉口。後結構主義者在開始分析的時候，應該會先質疑將這兩個群體分開來的本體論需求。

　　後結構主義觀點最明顯的挑戰將是觀察活死人藉由吃人來威脅人類秩序的無數種方式。然而，後結構主義者可以對這一反對意見提出兩種回應。首先，在經典中有些例子反映出來，喪屍和人類會學著發展主體間的彼此理解（intersubjective understandings），並在此一過程中為他們之間看似難以解決的爭端劃下句點。也許這種喪屍文學可以將以撒克・馬里昂二〇一一年的小說《體溫》作為典

範。這部作品是從一個名叫 R 之喪屍的角度寫成：他愛上了一個名叫朱莉的活人，而其內容巧妙地描述了兩個角色發展主體間彼此理解的方式。讀者了解到，「屍體」一詞被認定是對喪屍社群的冒犯。正如 R 解釋的那樣，「她是活的，我是死的，但我寧可認為，我們雙方都是人類。」後來，朱莉開始同情並認同 R，她說：「我想表達的是，『喪屍』這個愚蠢字眼不過只是我們用來指稱自己不理解的存有狀態。」[168] 小說中每個角色都開始反省自己團體的行為中比較負面的地方，比方吃人腦或殺喪屍。最後，喪屍進化並避免吃人，而活人則解除武裝。活人和喪屍之間的愛情可以超越兩個群體之間被建構的差異，而這主題正是後結構主義發展進程的一個例子。

　　其次，後結構主義者可能主張，活死人在現代社會中也許會抹除性別結構，而其方式是值得我們思考的。正如〈喪屍的社會建構〉一章所述，喪屍是不受性別的社會建構所限制的。只要稍微觀察一下經典中喪屍的行為，讀者便能發現，幾乎看不到該社群中有男女分別的典型例子。事實上，活死人在許多方面更進化了，泯除了後人類社群之間大多數的生物和性別上的差異。畢竟，從死靈者的角

度來看，繁殖行為不是女性專利，因為任何喪屍都可造出更多喪屍。這並不是說後結構主義者必然歡迎有如世界末日的喪屍大災難。他們反而強調，藉由關注在後人類領域內似乎運作良好的規範，人類首先可能會否定暴力衝突的成因，並透過這方式走上進化道路。後結構主義者提供了一種方法，可以超脫自由主義女性主義者和批判主義女性主義者之間在應對喪屍問題上的傳統爭論。這方法或許行不通，但會成為一個非常有趣的社會實驗。

從屬性和活死人：研究後人類世界的後殖民主義方法

　　後殖民主義與女性主義一樣，認為主流的國際關係理論在分析中排除批判主義觀點以及施加邊緣化的行為者。女性主義學者關注缺失的性別成份（missing gender component），而後殖民主義的學術界則強調種族和帝國主義在現代國際關係理論形成中的關鍵角色。比方，即使是國際關係學者也很少有人知道，該領域的第一本美國期刊名叫《人種發展雜誌》（*Journal of Race Development*）。它是後來才改名為《外交事務》（*Foreign Affairs*）的。[169]在思考國際事務研究中存在的偏見時，單單這一事實便足以說明重要的背景。

　　後殖民主義的出發點是：所有主流的方法都源於以歐洲為中心的政治理論，而這些理論固化了諸如主權和國家等西方概念。但這些方法能否解釋所謂「南方世界」（the

Global South）開發中國家的普通事件？這是相當有爭議
的，更不用說解釋像食人鬼出現這樣非比尋常的事件了。
說得直白一點：在思考如何對治從墳裡復活、以人肉為食
之各種膚色和信仰的死靈族時，有關白種死人的種種想法
是否真能為其提供有用的指導？這點根本還無定論。

　　後殖民主義的方法只考慮種族和帝國主義等外顯的明
確因素，部分避開了這一概念上的陷阱。[170] 後殖民主義的
世界觀認定，主流國際關係理論的論述方法邊緣化了南方
世界的生活經驗。[171] 例如，現實主義和自由主義都將十九
世紀的大部分時間視為相對和平的時期，認為這是因拿破
崙時代和第一次世界大戰之間，大國彼此並未發動戰爭所
造就的。然而，如果把這觀點強加在非洲、美洲和亞洲大
部分地區上，那就未免太可笑了。儘管歐洲列強在十九世
紀時可能不曾相互傾軋，但它們為了殖民全球的其他地
區，確實在歐洲以外訴諸大規模暴力。[172]

　　西方學術界的這些論述偏見深刻形塑了我們對國際政
治的看法。後殖民主義的學者採用米歇爾・傅柯（Michel
Foucault）對於「生產力」（productive power）的強調，
而所謂的「生產力」即是產出有一切社會意義的話語、社

會過程以及知識機構。[173] 從這角度考察，權力與集體的知識狀態密不可分，而集體的知識狀態反過來說則是一種權力的行使。正如傅柯自己所說：「權力和知識是直接相輔相成的。……若無知識領域的相關構成，就談不上權力關係。」[174] 對於後殖民主義的學者而言，尖銳的批評是所有反霸權（無論這霸權是活人的還是死人的）行動的第一步，也是最重要的一步。[175]

與建構主義和女性主義一樣，後殖民主義也強調，身份認同乃是國際關係中一個重要的構成元素。與這些方法一樣，後殖民主義將身份認同視為一種社會建構。然而，後殖民主義的學者更願意相信身份認同中的混雜（hybridity）。後殖民主義採納的是身份認同的連續統一體（continuum），而不是性別或國際規範的二分切割。在這層意義上，後殖民主義可能是最適合用來分析喪屍（位在生與死的邊界地帶）的理論工具。這種方法也適用於詮釋Syfy頻道二〇一四年《喪屍國度》中的「混合體」（blends），也就是具有喪屍特徵的人類。

最後，後殖民主義的學術界都團結起來對抗主導的結構。所有批判的理論家，包括後殖民主義者，在與現有之

權力結構的關係中都站在標準立場。他們挑戰具有特權形式的權力，而最常見的抗拒方式即是質疑特權的論述，從而將霸權威勢的形態去自然化。難怪後殖民主義者最有可能質疑官方有關活死人威脅的言論。

　　一些後殖民主義的學者還會更進一步，歡迎或許能不屈不撓地推動變革的活死人，摧毀當初促使殖民主義、種族主義和新自由主義滋生的結構。在喪屍經典的一些例子中，有些大國將南方世界的死靈族事件解釋成「落後」的病態。例如，在馬克斯・布魯克斯的《末日之戰》中，喪屍病毒在美國最初被稱為「非洲狂犬病」（African rabies），這種命名方式顯然安了一個心眼：將感染者加以種族化和「他者化」（otherize）。在AMC電視網的《驚嚇陰屍路》中，從反對警察暴行的大規模抗議到活死人的攻擊，其間的過渡是無縫接軌的。

　　最典型後殖民主義的喪屍論述也許首推Netflix二○二○年的《紅衫活屍軍》（*Betaal*）了。片中印度一家跨國公司賄賂印度軍隊的某一單位，促其清理貧窮的土著家庭以取得修建高速公路的土地。在這過程中，該單位釋出了一支由十九世紀英國殖民士兵所組成的死靈族超自然軍

隊。釋出活死人的目的只為支持新自由主義，而不顧底層人民的存亡。

這些後殖民主義的觀點也適用於批判歐洲和北美政府在過去疫病大流行期間的作為。在前現代和現代，政府經常將瘟疫歸咎於社會被邊緣化的份子：婦女、猶太人和其他僑民社群。[176]到了二十世紀，除非病原已傳染到所謂的「文明」世界，否則列強通常不會對疫情採取任何控制行動。就算採取了行動，少數族裔遭受的傷害也會高得不成比例。難怪在羅梅羅的《活死人之夜》中，非洲裔美國人本（Ben）在喪屍之難中倖存下來，卻被一名將他誤認為食人鬼的執法人員開槍打死。

後殖民主義的研究人員也更有可能忽略喪屍經典中經驗成份的比重。當然，電影中的活死人似乎對人類構成了威脅。然而，大家想想，到底是誰在製作、編寫和導演這些片子：主要是白人啊！許多後殖民主義者也許會指責好萊塢借來西非和海地的喪屍概念，但扭曲其含義，導致觀眾害怕大群黑色和棕色皮膚的人種。正如某位後殖民評論家所觀察到的：「好萊塢的喪屍完全封閉在侵害歷史和身份認同的殖民主義論述中。」[177]正如主流的國際關係理論

已將來自南方世界的觀點加以邊緣化，也許喪屍經典也已將活死人較好的特質邊緣化了，一如CW電視網二〇一四年《我是喪屍》中所呈現的。

　　然而，喪屍具有人類無法忽視的一個事實，而這可能會令大多數的後殖民主義學者轉採抵抗立場。就其本質而言，活死人是一股具有侵略性的均質化勢力。活死人不分什麼種族、膚色、信仰或性別：它們眼裡只有等待被吞噬或蛻變為更多活死人的人類肉軀。無論一個人的特徵為何，喪屍都會將其從異質的、特殊的自我抽離出來，使其一概轉變為食人鬼。人類一切先前存在的偏好和身份認同都被簡化為這單一狀態。這樣一來，喪屍雖說是包容的，卻不是多元的。活死人構成的威脅甚至比新自由主義更具帝國主義性質與同質化的威脅。

　　正如Netflix《紅衫活屍軍》中的一名底層民眾和一名印度軍官同時被喪屍包圍時，前者向後者解釋的那樣：「不管你喜不喜歡，我們都被困在一起。」對於底層的行為者而言，活著也總比變成活死人要好。

　　後殖民主義者會如何預測世界對治死靈族暴亂將採取的手段？由於物質力量不對等，底層行為者通常不會公開

反對霸權。他們相反會訴諸「弱者的武器」，以便在日常中抵抗霸權的作為。[178]這些行為者可能在形式上服從強權的要求，可是透過日常各種的小規模抵抗，實質上已抵銷了這種服從。

因此，後殖民主義者會建議屬於被欺壓社區的同胞模仿喪屍的外顯行為，以此行為模式在日常生活中遂行抵抗。這可能包括模仿活死人那樣拖著腳步走路或發出呻吟聲，但以諷刺或嘲弄的調調為之。另一種可能性是裝出吉姆・賈木許二〇一九年的《喪屍未逝》中所有角色那種茫然反應的樣子，從而疏離生者和死者。*

對於仍處在喪屍統治區域之外的人類，後殖民主義者會主張以反詰的方式干預主流論述。其目標在於，確保任何後死靈時代的國際體系都不會令前死靈時代新自由主義霸權具體化的結構。後殖民主義者可能預測，任何抗喪屍的政策反應都會充斥新自由主義的思維。這種政策反應即使奏效，也無法解決底層人民日常生活的困境，結果令活

---

* 【作者註】「消去」（cancel）喪屍的做法不太可能奏效。即使活死人的行為很糟糕，也不太可能點名或羞辱他們，要他們為違法行為道歉。

人霸權和死靈族霸權之間無甚差異。

　　後殖民主義者秉持一貫的「混雜」原則，主張融合人類對多樣性的偏好以及喪屍對包容性的堅持。其結果可能促使一個後人類社會的誕生，就像喬納森・萊文二〇一三年的《殭屍哪有這麼帥》一樣，人類和喪屍之間的區別最終消失。或者，這種後殖民主義的情景可能會與柯爾姆・麥卡錫（Colm McCarthy）二〇一六年《帶來末日的女孩》所描述的結局相同：地球上最後一個活著的白人遭到監禁，負責「教化」餓鬼。無論結果如何，我們都可指望，後殖民主義者會批評它對底層人民都不夠有利。

關於喪屍網絡非常重要的説明

　　網絡分析已成為國際關係和學術研究的重要特色。[179]
從恐怖組織到社會運動到全球價值鏈再到全球治理結構的
各種行為者都具有網絡的屬性。學者對社交網絡影響世界
政治的方式興趣極高，而國際關係的研究人員已經使用網
絡分析來為那些實體的結構和行為進行建模。這些複雜結
構的區別在於行為者（也稱為網絡分析中的節點）利用自
身與其他行為者之關係（稱為繫帶〔ties〕）的程度。一
些網絡可以是去中心化的，也就是說，其中大多數節點與
其他節點擁有相同數量的繫帶。反觀其他的一些網絡可能
比較中心化，在這種情況下，其中一些關鍵節點會比其他
行為者擁有壓倒性的、更多的繫帶。

　　網絡結構可以對參與之行為者的相對權力產生深遠影
響。[180]這可以從網絡分析在關於二十一世紀霸權過渡的辯
論中所扮演的角色中看出。許多國際關係學者主張，中國

的能力水準不斷提高，此舉將取代美國的霸權地位。然而，網絡分析提供了更細膩的前景，因為它呈現出國際結構會增強而非分散中心節點的力量。根據這一分析，無論從結盟情況還是資本市場來看，美國的網絡力量仍然十分強大。[181]

　　分析專家在處理網絡的方式上並不相同。有些學者將整個網絡視為一個單一的、一致的行為者，而其他人則將節點視為行為者，網絡的繫帶和結構對這些行為者起到約束的作用。迄今為止，還沒有學者嘗試將網絡分析應用於活死人的議題上。喬治‧羅梅羅二〇〇七年《死亡日記》（*Diary of the Dead*）的情節部分是由線上社交網絡所講述之喪屍大災難的故事，就像曹日亨二〇二〇年的《活著》一樣。

　　幾乎沒有證據足以說明，活死人可以行使甚至發現網絡形式的權力。有些例子顯示，如果喪屍占據一個中心節點，那將加速人類治理結構的崩潰，胡安‧卡洛斯‧弗雷斯納迪洛（Juan Carlos Fresnadillo）二〇〇七年的《28天毀滅倒數》即為一例。

　　然而，在最近的喪屍敘事中，這樣的例子只是例外而

非常態。首次針對喪屍網絡所做的分析勢必將被譽為國際關係領域的開創性成果。活死人群體是否更像一個隨機圖（random graph）而不是中心性的冪定律分布（power-law distribution of centrality）？但有另一種可能性：這種網絡分析將會提出一些有關活死人的假設、因果機制和結論，幾乎和先前即存在的理論方法一樣，就算能僥倖瞎碰上一個網絡也渾然不知。

國內政治：所有的喪屍政治都是在地的嗎？

　　我們在上文中所討論的國際關係範式主要是系統性的*。其變化源頭和解釋能力來自國際結構以及全球行為者之間的互動。系統性的方法雖然簡潔，但可能會錯過發生在國內政治圈中較細緻的權力鬥爭。國內機構的結構、輿論的狀況或利益集團壓力的分布都會廣泛影響外交政策和國家安全措施。一國外交政策的主導人物在與其他行為者討價還價時，來自國內的壓力至少可以對其談判策略與立場施加強大的約束。[182]

---

*　【作者註】這裡的關鍵字是「主要」。儘管自由主義、現實主義和建構主義範式可能聲稱其來源徹底是系統性的，但它們在某些方面同時包括第二形象（國內政治）和第一形象（個人）。

　　然而，「第二形象」＊的各方法在概念上有個難點：它們不夠簡約。國內制度、文化和態度因國而異，因此難以消除跨國差異。例如，試將美國電影中對喪屍的反應與艾德格‧萊特二〇〇四年《活人甡吃》中英國人的反應比較一下。美國人的反應比較傾向本能，動不動粗話就脫口而出，看到同胞被咬傷時，他們的反應迅捷而激烈的。英國人則傾向於低調行事，被喪屍咬傷的人都不願意告訴別人，生怕此舉會引起困擾。如果連英國和美國對活死人的反應都那麼不同，那麼想像一下，例如印度、俄羅斯或中國等形形色色的國家，可能會做出多麼不同的反應。

　　說到每個國家國內政治的異質性，我們很難建構一套連貫而簡約的理論來加以概括。[183] 為了緩解這個困擾，本章主要將舉美國和中國的國內政治為例，證明「第二形象」因素如何影響全球對死靈族動亂所採取的對策。這兩個國際體系中最強大的國家勢必將深刻影響全球對死靈族的反應。此外，這兩國的國家政治差異很大，足以說明國

＊　〔譯註〕Second image：「第二形象」是種戰爭理論，主張戰爭是由國家的內部結構所引起，典型例子是列寧的帝國主義理論。該理論認為戰爭的主要原因是資本主義國家需要繼續開闢新市場以支撐其國內的經濟體系。

內施政方法的差異如何解釋不同環境所產生的結果。一般認為，美國是一個決策上較「軟弱」的國家，這是因為聯邦政府對眾多的社會利益保持開放的態度。[184] 因此，國內態度、利益和制度的影響在美國應該最為明顯，能讓我們更加容易進行觀察。另一方面，中華人民共和國被視為一個制度化的專制國家。儘管在中國舞台上出現了一些外交政策的行為者，但他們對於結果的總體影響越來越常受到一人專政制度的嚴重限制。[185] 中國國內利益的影響和當權政客的鼓勵措施與美國的情況也有所不同。國內結構的這種變化使觀察者能夠評估國內政治對活死人反應的影響。

在美國，國內政治有無任何面向會對全球應對喪屍來襲的策略發揮重要作用？乍看之下，行政部門以外的國內機構似乎與喪屍的問題少有干係。活死人的出現對國土安全直接構成威脅。當政府面臨如此緊迫的威脅時，擁有一切政策槓桿的就是行政部門了。總統指揮武裝部隊、召集國民警衛隊，並控制龐大的情報機構。總統及其延伸的行政部門乃是被授權與其他國家談判、擴大海外監控、批准祕密行動等的行為者。姑且不論是利是弊，災難發生之際，立法機關和法院等機構在制定實時政策以及處理危

機上，能發揮作用的地方微乎其微。[186]近幾十年來，由於
總統掌握越來越多的權力，上述的情況尤為顯著。[187]理論
上，立法機構可以隨著時間的推移限制行政部門的政策自
主權。然而，即使是強調國會影響力的學者也承認，真正
的全球危機會增強行政的自主權。[188]食人鬼的出現肯定會
被視為緊急情況。

　　理論上，公眾輿論也不會立即對行政作為施加約束。
至少，人民一開始會期待出現「聚旗」*現象，以應付喪屍
的緊急情況。[189]在國家危機時期，民眾傾向於展現愛國主
義，並熱烈支持其國家領袖。輿論研究表明，如果美國人
相信國家安全威脅的嚴重性和勝利的可能性，那麼他們就
願意承受傷亡以及代價。[190]如果最初抗喪屍的作為足夠有
力，選民將有望給予在位領袖更大的政治支持。[191]

　　然而，隨著時間的推移，無論活死人是否已經滲透美
國國土，公眾的情緒可能會針對抗喪屍的政策施加重大限

---

*　〔譯註〕Rally round the flag：政治學和國際關係上的一個概念，指國家在
　　面臨戰爭或是外交危機之際，國家領袖能在一定期限內獲得很高的支持
　　度，同時國內輿論會減少對政府施政的批判。此外，它還可以起到轉移
　　國內注意力的作用。

制。如果死靈族騷亂的源頭距離美國很遠，公眾難免要質疑，是否值得在海外的干預上犧牲人命、耗費物力。亞當‧斯密及其後的學者們都觀察到，公眾會認為本土問題要比外國人遇到的麻煩重要得多。[192]為了論理的需要，我們改動一下斯密的《道德情操論》第三卷第三章中的關鍵段落：

　　且讓我們假定，中國這個大帝國，連同他那些多到不可勝數的居民，全都突然被死靈族的大災難吞沒了；且讓我們思考某個富於人道精神的歐洲人，一個和世界那一部分毫無關聯的歐洲人，在得知這場可怕的大災難後，會有什麼樣的感受。我想，起初，他會非常強烈地表達他對那一群不幸人所遭遇的厄運感到悲傷，他會做出許多關於人生無常以及幸福危如累卵的憂鬱評論，以及生命結束變成死靈族後，死靈族那邪惡的本質。如果他是一個喜歡冥思遐想的人，他或許還會進行多方面的仔細推敲，評論這場大災難可能對歐洲的商業活動，乃至全世界的貿易和產業，發生什麼樣的影響。當所有這種巧妙的理論推測結束後，

當所有這種人道的情感都被表達得差不多了，他就會像往常那樣自在與平靜地繼續從事工作或追求快樂，繼續酣睡或消遣，彷彿沒有這種意外發生似的。最不足掛齒的霉運，如果有可能落在他身上，將會導致更多真正的焦慮與不安。如果他明天將失去一根小指頭，他今晚就睡不著覺了。但是，即使有數以億計的中國人在喪屍之亂中死去，只要他從未見過他們，他仍將極其沉穩安心地呼呼大睡，而那龐大數量的死靈族顯然好像只是一件比他自己這個微不足道的不幸更不足以引起他關注的事情。但是，如果他的手指被食人鬼咬斷了，那麼情況就難說了。

因此，任何國際間對抗喪屍問題的心血都必須與各國國內強大的抗喪屍努力相互結合。然而，即使做到這一點了，大家也不難想像「喪屍疲勞」將會滲入公眾對海外行動的支持*。隨著時間的推移，公眾的情緒可能會轉而反對正在進行的、付出高額人命和物力成本的遠程行動。無論

---

* 【作者註】公眾對來自喪屍肆虐之國家的國民預期會懷有敵意，這將是另一個影響。

比起發生在某遙遠國度的喪屍襲擊事件，公民可能更關心自
己一點點地不舒服。

此類行動的外交政策有何利益，情況都將如此。輿論資料表明，曠日持久的軍事衝突，再加上嚴重的經濟衰退，將加深美國群眾的孤立主義信念。[193]

　　即使是最有魅力的三軍統帥在面對脾氣大的美國民眾時，也會遇到「有手就握」這個親民策略的局限。即使活死人構成的威脅不分國內還是國際，政治兩極分化也會削弱任何「聚旗」效應，並阻礙抗喪屍政策的落實。純粹來自黨派的回應會扯總統任何言論的後腿。如果總統最初呼籲國人保持冷靜，那麼反對黨派會立即推動更積極、更極端的政策。然而，如果總統主張採取更急迫的措施，反對黨可能會指責總統行事太過歇斯底里，目的在於謀取更大的權力。公眾越是兩極分化，政府的任何反應就越沒有效果。無可避免地，兩大政黨之中總有一個會從根本懷疑活死人是否真的存在。

　　除了輿論之外，利益集團還可能以多種方式影響美國在國內和國外的抗喪屍政策。有些團體或許主張限制消滅活死人的行動，因為如此方能保有既得利益。最有可能破壞政府掃蕩喪屍行動的兩類行為者是被喪屍咬傷的人及其人類親屬。根據定義，人被喪屍咬過後，必定也

會成為喪屍。這一事實可以大幅改變他們的好惡。正如軍事規劃家警告美國戰略司令部的：「人類都有自我保護的本能，以致剛感染喪屍病毒的宿主不會向周遭的人承認自己即將變成喪屍。」[194] 許多喪屍電影中都著墨了這種想法。在喬治・羅梅羅二〇〇五年的《活屍禁區》中，角色喬洛（Cholo）在電影一開始就表現出最積極的抗喪屍態度。然而，在他被咬傷後，他決定想「看看另一半是如何過活的」。在彼得・傑克森二〇〇二年的《新空房禁地》（Dead Alive）、羅梅羅一九七八年的《生人勿近》和亨利・霍柏森（Henry Hobson）二〇一五年的《我的喪屍女兒》中，家庭成員會將自己的死靈族親屬藏匿起來，不讓安全部隊和準軍事組織找到它們。

顯然，準食人鬼及其親屬可能會阻礙政策的實施。矛盾的是，政府如未能採取防微杜漸的措施，那麼日後將被迫訴諸較為極端的手段，而這反過來又可能引發更大的公眾反彈。羅梅羅《生人勿近》一開場就暗示，喪屍問題失控的一個原因是，公眾對政府嚴厲的措施和建議（戒嚴、放棄自家住宅以及消滅正在大啖親人肉軀的喪屍）懷有敵意。

　　準死靈族及其親屬可能會阻撓政策的執行，但他們形成的團體過於分散、短暫，無法有效左右政策制定的方向。國防承包商就完全是另外一回事了。對抗喪屍之資源的分配對這些行為者而言至關重要。雖然建立單一、有內聚力之喪屍工業複合體（industrial complex）的想法幾乎無法令人信服，但安全事業界的某些公司無疑會對利用軍事科技來對付喪屍的事產生興趣。在許多情況下，這些公司正是喪屍問題的始作俑者，丹・奧班農一九八五年的《活死人歸來》、羅伯特・羅德里格斯二〇〇七年的《異星戰場》、傑・李（Jay Lee）二〇〇八年的《喪屍舞孃》（*Zombie Strippers*）、亞貝・佛塞茲（Abe Forsythe）二〇一九年的《校外打怪教學》（*Little Monsters*）和《惡靈古堡》等影片對此均有著墨。即使私營公司並非死靈族威脅的肇因，它們無疑也會對於活化死亡人體組織的研究和發展機會感到興趣。

　　國家對資本的結構性依賴說明了，如果喪屍問題存續下去，這些公司可能會對適應和緩解的戰略施加進一步的限制。[195]企業會向政府施加壓力，將安全責任外包給私人承包商，讓政府與自己簽訂利潤豐厚的合同，而這股壓

力勢必非常巨大。[196]也有人會反對取消傳統的高額軍事合同，而這抗拒也將十分激烈。製藥公司將會進行遊說，希望獲得巨額補貼，以盡力開發針對死靈族問題的治療方法和疫苗，即使這種嘗試從醫學的角度來看並不可行。國防承包商會抵制根除喪屍的策略，反而傾向於當局准許監禁被捕獲的食人鬼，同時對其進行試驗。如果總部設在不同國家的公司採取類似的做法，可能導致國與國之間的信任崩潰。國內的多元壓力可能會破壞阻止食人鬼吃肉的多邊合作。[197]

中國國內的公眾態度、制度和利益所在顯然與美國的不同。[198]這種不同的國內制度改變了中國對於死靈族騷亂的政策反應。一方面，中國的公眾輿論雖然並非完全不起作用，但對於北京對治活死人的方式限制較小。因為中國的國家領導人無須面臨民主選舉，他們最關心的是公眾的緘默，而不是順應他們的好惡。影響中國國家政策最強大的利益集團是各個所謂的「太子黨」，也就是中國共產黨高官的子女（他們將政治關係轉化為有利可圖的生意）。[199]出於個人和政治的原因，中國的領導階層更有可能傾聽這個利益集團的聲音。

　　中國的專制政治制度使其領導階層的政治動機不同於
民主政治家的政治動機。與須經民主選舉洗禮的領導人物
相比，這些國家的領導人物得要取悅的支持者數量上少了
很多。「選舉團」中代表的人數那麼少，中國領導人便有
可能藉由私下贈與私有財的方式來博取其政治支持者歡
心，而不是將錢投資於昂貴得多的公共財上。[200] 同時，中
國的等級政治制度還促使地區的領導人物向其在北京的
上級提供報喜不報憂的數據資料，並且以此作為晉升途
徑。[201]

　　如此不同的「第二形象」政治將如何影響中國對活死
人的反應？一方面，中國的政治領導階層在初期制定針對
活死人的策略反應時，所受到的公眾干涉會很少。如果食
人鬼出現在中國境內或鄰近國家，中國當局將更有可能訴
諸一切必要手段以便消除威脅，同時不顧其策略的粗暴或
這種冷酷的抗喪屍策略是否會連帶造成什麼損害。中國當
局不會對所需付出的成本感到愧疚，只求這種策略可以防
止威脅進一步擴大。如果活死人的相關訊息會普遍引發恐
慌，那麼政府官員也將願意實施新聞檢查制度。

　　然而，如果死靈族的問題持續存在，那麼中國的反應

可能會變得不那麼有效。首先，中國的中央領導階層會遇到依賴地方當局執行命令的問題。如前所述，這些地方官員對於自己的回饋能力可能過於樂觀，結果導致中國的最高領導階層高估其抗喪屍初期策略的有效性。與此相關的是，中國政權也將更有動機將更多抗喪屍對策的經費配置給排他性的私有財，而不是給非排他性的公共財。這些對策可能包括興建防禦堡壘、安全村落以及實施祕密撤離計畫*。這些心血將用於關鍵的政治支持者，但會以犧牲中國的其他人口為代價。換句話說，中國的領導階層將採取類似於喬治・羅梅羅二〇〇五年《活屍禁區》中考夫曼（Kaufman）的抗喪屍策略。

雖然SARS-CoV-2的致命性遠低於任何死靈族的病毒，但美國和中國對COVID-19大流行的反應在很大程度上證實了本章中的假設。中國共產黨武漢的地方官員向北京的領導階層掩飾疫情的嚴重程度，這便是促成了新型冠狀病毒初期擴散以及隨後大爆發的肇因。等到中央領導開

---

* 【作者註】需要說明清楚的是，包括美國在內的其他國家也可能多少採用其中的一些策略。不同之處在於，中國的領導階層有優先考慮這些排他性政策的政治動機。而在美國，有錢人也會私下採取此類措施。

始認真看待此事，他們便採取嚴酷措施，以遏制病毒向湖北省以外的地區傳播。有段時間，這些措施似乎奏效，然而事實證明，中國製的疫苗並不像官方宣傳機構所自詡的那麼成功。後來感染力更強之變異病毒株的傳播真讓中國當局措手不及，減弱了升級經濟發展的努力。

　　與此同時，國內政治也說明了美國對抗新型冠狀病毒的策略。二○二一年四月，川普總統的支持度起初出現了小幅的提升。然而，隨著時間推移，川普設法想將疫情所造成的威脅降到最低，這個企圖對美國社會產生了兩極分化的影響。保守派不滿那些為減輕病毒傳播所付出的心力，而自由派則譴責那些違反或不顧戴口罩規定的人。數據顯示，到二○二一年COVID-19疫苗問世後，在郡這一層級上，疫苗接種率與支持川普選民的百分比之間存在很明顯的反比關係。

　　值得玩味的是，儘管中美兩國國內政治差異很大，但來自國內政治方面的策略建議卻相對直截了當。對於喪屍來襲所擬定的初始應變策略顯然至關重要。這是國內對於反制措施之約束最弱的階段。如果政府能從一開始就端出清晰、連貫且有為的戰略行動方針，那麼國內對政策自主

性所施予的壓力應該是溫和的。這種次要的籲求將敦促政府訴諸宣傳和其他政治策略來維持聚旗現象，並盡可能維持長效。

　　然而，如果喪屍問題持續存在（起因於初期的政策錯誤、既得利益者的抵制、政治的兩極分化或死靈族消滅行動的後勤補給不易），那麼國內政治將在全球政策的運作中發揮越來越重要的作用。在像美國這樣的民主國家中，立法機構將逐漸增加發言權，利益集團將限制政策選擇，公眾將對消滅活死人禍害的廣泛行動感到不安。而在像中國這樣較專制的國家裡，隨著時間的推移，領導人將從各省份收到的訊息越來越不可靠，優先考慮精英階層的脫身之計，並將政府策略重點放在公眾，以防止其發生自發性的暴動。如果這些結果普遍在許多國家中產生，那麼各國當局都會發現，自己在制定全球應變措施上受到的束縛更多了。羅伯特・普特南（Robert Putnam）曾提及國內和國際政治的「雙層賽局」*如何將國內的疲軟轉化為國際談判

---

*　〔譯註〕Two-level games：指外交談判過程中的不同階段，第一層次為政府代表者之間的談判，第二層次是政府代表將談判結果帶回國內要求立法者批准的過程。兩個層次看似各自獨立，但實際上有連動關係。

的實力。[202] 然而，如果隨著時間的推移，所有的行為者都面臨日益加劇的國內疲軟，那麼對抗死靈族有意義的國際合作談判，其核心將會慢慢腐敗。

各種官僚喪屍政策間的
「互扯後腿」

　　上述的所有範式都包含一個內隱的假設：當死靈族開始在地表上遊蕩時，國際組織和國家安全機構將敏捷地、靈巧地採取行動。

　　這種說法遠非不言而喻。國際組織往往無法實踐其當初的創始理念。政治化的人員安插決策和政策漂移會導致這些組織迅速陷入功能失調。[203]國內機構也面臨類似的問題。[204]論述官僚政治的經典著作常將外交和安全政策建模為多個組織（排定事項各自不同）之間「互扯後腿」的結果。[205]其他的組織理論家則認為，政治制度就像「有組織的無政府狀態」，而在其中兜售解決方案的官僚企業家與其說是解決問題，倒不如說在想方設法製造問題。[206]許多政治科學家認為，立法或行政部門的政治行為者常會為了掌握控制權而犧牲官僚效能。[207]由此產生的政策輸出往往

很不理想。

在單一的官僚機構中，組織文化常會限制靈活性以及對新環境的適應性。所有機構都會制定標準操作程序來有效處理日常問題。[208]然而，這些程序會限制官僚機構適應新威脅和挑戰的能力，而活死人絕對不是例行問題。美國安全和情報機構在九一一襲擊之後未能進行自我改造，以及最初在對治COVID-19時美國公共衛生機構表現出的功能失調，在在凸顯了官僚政治和組織文化可能對政策制定所強加的重大困難。[209]若說官僚衝突和組織病態妨礙了有效的反恐政策，那麼想像一下它們對抗喪屍政策的影響吧。美國戰略司令部和疾病控制中心的文件都暗示自己將會帶頭制定相關政策。官僚地盤之戰會是不折不扣的血淋淋。

平息死靈族的爆發需要跨部門的大量協調。在美國，可以很容易設想國務院、國防部、司法部、國土安全部、交通部以及衛生與公眾服務部的重要角色。這還不包括自主或半自主的機構，例如聯邦緊急事務管理局、環境保護署、食品和藥物管理局、疾病控制和預防中心以及無數的情報機構。二〇〇一年，安東尼‧考德斯曼（Anthony

官僚地盤之戰會是不折不扣的血淋淋。

Cordesman）估計有四十四個聯邦官僚機構參與了打擊生物恐怖主義的工作。可以肯定的是，今天涉及到的人還會更多。[210]美國制服部隊（uniformed military）、國民警衛隊、地方警察和緊急服務部門之間的合作也不可或缺。其他擁有現代官僚機構的國家也將面臨類似的協調問題。

　　官僚機構面對死靈族大軍時是否調適得過來？這是一個懸而未決的問題。在有關喪屍的經典作品中，愚笨官僚是否有能力處理像死靈族那樣致命的問題？作者對此都深表懷疑。在羅伯特・柯克曼二〇一〇年至今的電視劇《陰屍路》系列中，疾病控制和預防中心仍存活的科學家犯了幾個錯誤，以致大家想了解喪屍肆虐現象的努力受挫，並最終導致亞特蘭大總部大樓遭到摧毀。在布賴恩・基恩二〇〇三年的小說《崛起》中，美國政府幾乎立即解體。其中一個觸發因素是，特勤局難以改變標準操作程序。總統變成喪屍後，開始啃食國務卿。結果，「一名特勤局特工拿槍對準了已成死靈族的總司令，但第二個特工立即向第一個特工開槍。」[211]在猜測官僚機構的偏好時，你的立場取決於你吃的是誰。

　　事實上，每個喪屍敘事的共同特徵是，官僚機構的無能和不負責任。在喬治・羅梅羅的《活死人之夜》中，當局向公眾提供的訊息相互矛盾：起初他們建議民眾待在自己的家裡，隨後又反其道而行，建議快去急難中心。軍方官員和科學家在鏡頭前爭吵，為什麼復活的屍體會想吃人。在羅梅羅的《生人勿近》中，特警部隊對一棟公寓大

樓的突襲行動不夠努力，造成平民和警察不必要的喪生。

安全部門人員的大規模棄逃和單位凝聚力的瓦解，這些都是羅梅羅電影中一再出現的主題。在一九八五年的《喪屍出籠》中，由士兵和科學家組成的特色團隊卻典型地呈現出組織功能的障礙。軍事領導人幾乎算是個神經病，而占主導地位的平民科學家也好不到哪裡去。在二〇〇五年的《活屍禁區》中，某個單位擺出流氓身段，向政治領導人物勒索。在二〇〇八年的《死亡日記》中，軍方唯一一次露面竟是為了掠奪平民的補給品。甚至研究恐慌社會學的人員也承認，「危機期間的官僚問題可能是災難電影唯一說對的一點。」[212]

馬克斯·布魯克斯的作品還表明，軍事和民間機構都會在喪屍來襲之時犯下人錯。在他二〇〇六年的小說《末日之戰》中，食人鬼災禍最初會蔓延開來的一個明顯原因是：強勢的國家安全和情報機構都拒絕承認問題的嚴重性。當美軍在揚克斯戰役（Battle of Yonkers）中與喪屍進行第一次大規模交戰時，最後證明其戰術完全不適合這種情況。布魯克斯描寫了某個士兵的看法，這概括了所呈現的組織病態：

　　我們浪費了這麼多時間、這麼多心血來確定這些射擊位置。他們告訴我們要好好地「掩蔽和隱藏」。掩護和隱藏？「掩蔽」是指具體的保護、常規的保護，免受小型武器和大砲或空投彈藥的傷害。這聽起來像要對付我們真正將要面對的敵人嗎？

　　讓我們穿上防彈衣？這到底是什麼奇葩想法？只因為媒體批評，在上一場戰爭中他們沒有預備足夠的防彈衣？為什麼和活屍搏鬥時需要頭盔？誰也沒考慮過，火砲戰需要多少發子彈才能持續打下去。……

　　你以為在整個軍事生涯中因為被「訓練」成瞄準中心射擊的能手後，現在你就突然有能耐每次都射中頭部了嗎？[213]

　　這些陳述中的每一點都揭示了政治組織在面對這種全新的威脅時所遭遇的先天困難。政治、標準操作程序和根深柢固的思維模式無疑將占到上風，得要等到喪屍大咬人肉了，當局才會覺悟，那些策略根本無濟於事。

　　在布魯克斯早期的作品中，作者還看出其他影響軍隊組織能力和文化的癥結：必不可免的後勤補給和士氣之間

的落差。我們在他二〇〇三年的《喪屍生存指南》中讀到:「喪屍大軍和人類不同,它們完全不需補給,不需要食物、彈藥或醫療護理。它們不會遭遇士氣低落、戰鬥疲勞或領導不力的困擾。它們不會恐慌,不怕背棄或是公然叛亂。」[214] 但人類管理的安全機構無疑會面臨這些問題。

自由意志主義者*一向鄙視政府官僚機構的無能和低效率,如今在這點上,他們無疑認為這信念更能給自己安全感了。然而,這裡應該指出,私部門的組織在論述中的表現同樣糟糕。如前所述,營利性公司通常要為初期的喪屍爆發負責。在《亡者黎明》中,一家新聞台為了維持收視率,竟播報過時的緊急訊息。在《末日之戰》中,企業家為喪屍感染開發庸劣療法以求快速獲利。

在《惡靈古堡》系列中,保護傘公司(Umbrella Corporation)是喪屍經典作品中無能企業的典型。雖然這家跨國公司的政治力量顯然了得,但其組織能力卻令人高

---

* 〔譯註〕Libertarians:自由意志主義是一種主張只要個人不侵犯他人的同等自由,個人應該享有絕對的自由以其自身和財產從事任何活動的政治哲學,其基本準則為:任何人類的互動行為都應該出於雙方的自願和同意,任何利用暴力或詐欺手段侵犯他人權利和財產的舉動都不應當。

度懷疑。在這一電影系列中，保護傘公司將其研究實驗室的內部安全事務外包給了笨拙且不穩定的人工智能。低階員工對公司目標的忠誠度低到不能再低。公司高階管理人員做出的決定收效甚微，而且令T–病毒的傳播比預期快得多。即使該公司已經開發出治癒死靈族感染的方法（這情節在喪屍敘事中獨一無二），這種情況仍然發生。身為企業行為者，保護傘公司唯一切實的成就似乎只是在主流媒體上掩飾了自家所幹的勾當。

　　嗜肉的食人鬼似乎會導致組織做出從死板按表操課到觸發大災難的決策。然而，組織的視角不能始終停留在第一次觀察的結果上。雖然官僚機構一開始免不了犯錯，但在收到負面的反饋訊息後，如果繼續做出錯誤的預測，那就愚不可及了。當政府官僚機構受到極端的脅迫或面臨滅絕的危機時，它是可以調適和克服的。事實上，喪屍經典作品中最大的盲點在於未能認識到這種可能性。如果人類的腦筋動得比喪屍快，那麼他們在未來衝突中最大的相對優勢將是開發創新戰術和策略的能力。一些經久不衰的喪屍敘事都假設喪屍具有進化的本事。然而，說來奇怪，這些敘事很少討論人類的個體和組織將會如何應變。

　　《末日之戰》是描述人類應變能力的最好例子。在揚克斯戰役的災難之後，軍方開始改變信念。大多數重要國家的政府迅速採用總體戰略，以確保在地理上明確劃出的安全區域。美軍撤退到洛磯山脈西側。新任參謀長聯席會議主席制定了「資源殺敵比」（resource-to-kill ratio，簡稱RKR），以求儘量提高軍事效率。在此過程裡，官僚體系中明顯出現一些輸家，[215] 但資源稀缺的壓力迫使資源須被合理分配。正如布魯克斯敘事中的某一個角色所描述的：「RKR的觀念開始在普通民眾之間流行開來，真是太令人驚奇了。你會聽到士兵在街上和酒吧、火車裡說道：『為什麼買X？以同樣的價格你可以買十個Y，而且和同樣數量的Z相比，殲滅能力還比Z高一百倍。』士兵甚至開始自己想出辦法，發明出比我們想像中更具成本效益的工具。」[216]

　　因此，從組織的角度來看，政府機構在喪屍攻擊的初始階段難免失誤、犯錯。同樣角度的觀點也主張，這些組織若想生存和繁榮發展，那麼生態壓力將促使其調適並且因時、因地制宜。然而，這種預測是概率性的。例如，在胡安・卡洛斯・弗雷斯納迪洛二〇〇七年的《28週毀滅

倒數》中，一支北約遠征軍在「狂暴病毒」悉數消滅了英國人口後占領了英國。儘管指揮官充分意識到感染的危險，但仍未能阻止其再度流行。

這一預測確實體現在美國聯邦和州政府於COVID-19大流行期間的表現上。公共衛生機構在二〇二〇年初危機開始時犯了多個錯誤。疾病管制局發布的COVID-19檢測方法存在嚴重缺陷。美國食品和藥物管理局花了一個月的時間才批准其他機構設計的檢測方法，在社區傳播開始之際，美國在檢測方面嚴重落後。即使在大流行變嚴重後，公共衛生官員仍將重點放在物品表面的清潔上，同時宣布沒有必要配戴口罩。這些只是最廣為人知的錯誤。在大流行的早期階段他們犯的錯誤更多了。[217]儘管如此，到了二〇二〇年秋季，公共部門機構和私營製藥公司都對新型冠狀病毒的傳播原理有了更深入的了解。疾病管制局更新了口罩配戴指南，製藥公司則在破紀錄的時間內生產出非常有效的信使核糖核酸（mRNA）疫苗。官僚機構還是調適過來了。

官僚政治觀點所提供的政策建議是直截了當的，主要包括避免最糟糕的組織病態和地盤爭奪戰的方法。毫無疑

問，關於哪個組織或官僚機構將帶頭「領導」擊垮死靈族的戰鬥，其權柄的爭奪將是激烈的。各國政府應考慮在食人鬼開始大快朵頤公民之前（而非之後）便指定一個領導機構。例如，在蜜拉・格蘭特二〇一〇年的小說《餵食》中，疾病控制和預防中心即成為這種機構，而它在此過程中即積累了大量的運作和保安的能力。

也許站在組織視角的人最想建議的是：利用科技將組織的層次結構加以扁平化，並使訊息更易獲得。但如下的事實不免令人憂心：儘管美國戰略司令部在二〇一一年已制定了抗喪屍計畫，但兩年都過去了，參謀長聯席會議主席並不知道有這計畫。這可能是軍隊系統嚴格的等級制度使然。網絡結構能夠更快速地收集和傳播訊息。如果國家組織和國際組織雙雙都能依賴更加扁平化的安排，那麼來自前線人員有關於死靈族復原力的訊息便可以盡快向上傳遞。這將加速對喪屍緊急情況的迅速反應，並使最理想的抗喪屍策略能向全球傳播。[218]

這些預測和建議具有悲涼的反諷意味。大家回想一下上文關於國內政治如何影響抗喪屍政策的討論：政府機構一開始可以在不受約束的情況下行動，但隨著時間的推

移，政治自會施加較強限制。組織視角所做出的論述正好相反：官僚能力可以與時俱進。如果國內政治壓力以及官僚政治都能發揮作用，影響政府政策，那麼它們疊加的影響力可能造成雙重災難。當政府機構最有可能做出錯誤決定的時候，那也是它們將擁有最大自主權的時候。當這些官僚機構已適應了新的喪屍緊急情況，它們將面臨一些可能阻撓其作出表現的政治障礙。

我們只是凡人：
對死靈族的心理反應

　　喪屍通常被認定為缺乏智力，但值得注意的是，人類經常以困惑和無知來應對新的死靈族局勢。事實上，即使只是對喪屍經典作品中人類行為的略為一瞥，我們也能看到人類角色那令人費解或看似不合理的行為。在艾德格・萊特二〇〇四年的《活人牲吃》中，幾位主角堅信，即使當地酒吧位於人口稠密的市區，那也是很安全的。在魯本・弗萊舍二〇〇九年的《屍樂園》中，有些角色一口咬定，迪士尼風格的主題公園沒有喪屍出沒，這種想法令人費解。奇怪地，在喬治・羅梅羅一九七八年的《亡者黎明》中，沿途劫掠的自行車騎士竟向喪屍投擲奶油餡餅，彷彿此舉可讓對方失去行動能力似的。在丹・奧班農一九八五年的《活死人歸來》中，喪屍比大多數的人類角色更聰明。在羅伯特・柯克曼的電視劇《陰屍路》裡的某

一集中，總督率眾襲擊監獄中的瑞克團體，但其行動似乎不見任何戰術，也無策略邏輯可言。第一次襲擊失敗後，他殺死了自己大部分的支持者，還燒毀了伍德伯里（Woodbury）一處有用的複合建築，然後偶然又遇見另一群倖存者，而這時他又不明智地再度襲擊監獄。喪屍經典作品中不乏愚蠢或自欺欺人的行為。或者，正如科爾森·懷特黑德（Colson Whitehead）在《第一區》中所觀察到的：「你必須提防其他人。死人可以預測，但活人就不行。」[219]

這應該不足為奇。喪屍爆發會引發強烈的情緒變化（恐懼、憎惡、反胃和驚沮），而這些情緒變化會導致世人偏離謹慎的行為。[220]喪屍處於「似人性」（human likenesses）之恐怖幽谷的最深處，也就是說，它們與人類的相似程度足以立即引發憎惡和反感。[221]喪屍的傳播包含了一種流行病的要素，應該引起最大的恐懼以及來自個人的焦慮。當危險源是前所未見的，恐懼和懷疑的作用就會嚴重得多，只要回顧一下大家對愛滋病、H1N1豬流感或COVID-19的初始反應即可明白。[222]

　　對於喪屍威脅的典型反應表明，儘管有理性選擇理論*提出的假設，但人類是不能被簡化為沒有血液的計算機。每個人都有恐懼、弱點和缺陷，導致其行為偏離冷靜決策者應該有的樣子。丹尼爾・康納曼（Daniel Kahneman）認為人腦具備兩套系統。[223]系統二的大腦符合大部分社會科學中所假設之理性行為者的模型，而系統一的大腦則包括所有原始本能和認知捷徑，都可讓人類在危機中做出反應。雖然喪屍想藉由吃掉人腦來吞噬這兩個系統，但「第一形象」（first image）的理論家研究了系統一，想要理解那些本能是否會轉化為世界政治中反覆出現的模式。[224]

　　有一組認知屬性（cognitive attributes）是與所有人類牢牢連在一起的，可能會影響活死人來襲時的政策反應。也許最強大的便是在處理有關某一現象的新訊息時

---

*　〔譯註〕Rational choice theory：政治科學及社會科學的一系列理論，主張行動本質上都是理性的，人們在行動前會考量利害得失來做出決定。理性選擇中的理性，是指能夠分析、比較各種選擇的利益與效用，之後對於較高的效用與利益顯示出偏好，並作為行為的根據，屬於一種工具理性。

會有「確認偏誤」*的傾向。[225] 所有個體都有意識形態、認知捷徑（cognitive heuristics）或經驗法則，都可用來解釋世界運作的方式。面對不尋常或反常的事件時，大多數人會關注與自己既存世界觀相對應的訊息。他們將使用歷史類比法來指導自己的行動，即使這些類比不完美的亦復如此。[226] 同時，他們會忽略或壓抑與本身信念相矛盾的訊息。只有當自己先入為主的想法導致災難性的政策失敗時，大多數人才會願意重新思考自己的世界觀。

事實上，「確認偏誤」有助於解釋，何以第一批應變者可能無法阻止初期的喪屍爆發。預防行動也許要求這些人從邏輯上得出「死屍正在地表遊蕩」的結論，而這一結論卻與大多數以理性為中心的世界觀相互扞格。正如喬納森・馬伯里（Jonathan Maberry）所觀察到的：「必須眼見為憑看到喪屍，並將其識別為攜帶病原的敵意載體，但這不會很快地或輕易地實現，而且在這個〔早期〕階段可能根本不會發生。」[227] 馬克斯・布魯克斯在這點上更進一

---

* 〔譯註〕Confirmation bias：個人選擇性地回憶、蒐集有利的細節，忽略不利或矛盾的資訊，來支持自己既有想法或假設的趨勢。當人們選擇性收集或回憶信息時，或帶有偏見地解讀信息時，他們便展現了確認偏誤。

步強調：「任何類型的政府都不過是人類的集合體，和我們其他人一樣膽小、短視、傲慢、心胸狹窄，而且普遍無能的人類。在大多數人類都不願意的情況下，為什麼單單他們就願意承認事實，並發動攻擊來對付那些嗜血的行屍呢？」[228]

在國際關係中，「確認偏誤」的一種顯著形式是所謂的「基本歸因謬誤」*。在解釋別的行為者的行為時，人們通常會以不同的標準對待盟友和對手。[229]如果盟友以正面方式行事，人們會將這種行為歸因於其內在性格。但是，如果對手以建設性的方式積極行事，那就被說成迫於外部環境的壓力，也就是說，這人是不得已被逼的。相反，如果盟友行事結果只是徒勞無功，那就幫他開脫，說是外部環境迫使好的行為者表現不如預期。然而，如果同樣的事發生在對手身上，那當然是因為他天生資質就差。

個體決策者共有的另一種行為特徵是：他們在面對與

---

* 〔譯註〕Fundamental attribution error：也稱為錯誤歸因。是指人們在評估他人的行為時，即使有充分的證據支持，但仍總是傾向於高估內部或個人因素的影響（一定是他有這樣的人格，才做出這樣的事），而非外在情境因素（也許是情勢所迫，或這個場所有特殊的潛規則）。

現狀相比之下的贏或輸時，傾向於採取不同的行動。[230] 理性選擇理論假設個人對風險的態度是一致的。然而，根據「展望理論」*，人們在贏面較大的環境中行事時往往比較厭惡風險，而在輸面較大的環境中行事時，人們往往比較喜歡冒險。讓我們以數字為例，假設你面臨以下選擇：

選項A：必定可以消滅五百個喪屍

選項B：消滅一千個喪屍的機率為五十％；消滅一百個喪屍的機率為五十％

二〇一〇年七月的一項線上調查共有一千二百三十八名受訪者作答。本人發現，即使選項B提供了消滅食人鬼的更高預期價值，還是有超過六十一％的人挑了選項A。事實上，大量實驗表明，當個人必須在保證獎金（guaranteed prize）以及提供期望值略高的彩票之間做出選擇時，他們更有可能選擇確定的東西。

---

* 〔譯註〕Prospect theory：係一行為經濟學的理論，其假設之一是：每個人基於初始狀況（參考點位置）的不同，對風險會有不同的態度。

現在，考慮一個不同的選擇：

選項A：必定增加五百個喪屍

選項B：增加一百個喪屍的機率為五十％，增加一千
　　　　　個喪屍的機率為五十％

在這種情況下，即使選項A的期望值更好，仍有超過
五十七％的受訪者挑了選項B。如果必須在必然損失或是
彩票（期望值較差，但有恢復現狀的可能性）之間做出選
擇，那麼人們很可能願意為復活賭上一睹。

展望理論的策略意涵是很明確的。與現狀相比時，如
果人們認為自己正在取得進展，他們會以更加謹慎、規避
風險的態度行事，但當他們認為自己正在走下坡路，則較
願意冒一下險，以扭轉自己的命運。[231]

「第一形象」的理論家認為，這組心理屬性會導致外
交事務中的「鷹派偏見」（hawk bias）。[232] 個別決策者在面
對潛在的對手時，其心理反應將促使其做出更多的對抗性
政策。攻擊行為會被視為蓄意為之。政策制定者在面臨可
能的損失時，將更願意採取冒險行動以求維持現狀。其他

心理特徵（例如樂觀偏誤＊和控制錯覺†）將會強化激進政策。[233]領導人將很有信心採取積極措施來應付源自墳場的任何威脅。

　　奇怪的是，雖說鷹派偏見可能不適合人類的國際關係，但它也許會為如何應對食人鬼的辦法提供對的思維框架。喪屍所激起的反感足以輕易讓人將其歸為敵方。確認偏誤必定造成如下結果：任何有關喪屍的新數據只會強化其作為敵人的形象。展望理論將能確保，領導者在面對死靈族攻擊的初期損失時，會採取旨在恢復現狀的冒險策略。鷹派偏見也許誇大與人類的衝突，但它似乎也促進了對於活死人的正確看待。

　　然而，喪屍經典對這種普遍的正面評估提出了兩項重要的警告。首先，確認偏誤和基本歸因謬誤也會導致個人對待喪屍親屬的方式與其他人不同。如前所述，經典作

＊　〔譯註〕Optimism bias：一種認知偏誤，是指人們相信他們自己不太可能會經歷負面事件。樂觀偏見很普遍，任何性別、種族、國籍和年齡的人都有樂觀偏見。 甚至在老鼠和鳥類等非人類動物中也存在樂觀偏見。

†　〔譯註〕Illusion of control：人們傾向於高估自己控制場面的能力。這一概念由美國心理學家艾倫・蘭格（Ellen Langer）提出。在熟悉的情況下，以及在壓力和競爭情況下，這種錯覺又更常見。

品中的一個重要主題是：人們會不願意殺死已變為食人鬼的親戚。例如，在羅梅羅二〇一〇年的《活死人之島》（*Survival of the Dead*）中，一位族長拒絕消滅家族中的任何喪屍，認為這無異於「殘殺自己同類」。經典作品中的一些人也陷入樂觀偏見和控制錯覺中。例如，在柯克曼的《陰屍路》中，赫歇爾（Herschel）堅信喪屍可以治癒，因此不該殺害它們。活死人會利用這種誤解，讓喪屍大軍透過某種死靈族形式的社交脈絡（undead form of social networking）增加數量。例如家人感染家人，朋友感染朋友等等。

　　其次，我們尚不清楚，對喪屍的認知反應是否僅限於死靈族這一對象。鷹派偏見很有可能導致個人不信任和害怕其他人類。在形勢不斷變化的情況下，我們不難設想，人類會根據站不住腳的證據告發他人已被喪屍咬傷。這種自相殘殺的衝突可能發生在人類個體之間以及人類政府之間，這樣一來，抗喪屍的戰線可能無法維持，也令協作的努力陷入了癱瘓。

　　「第一形象」模型或將提供三項具體的政策建議，以遏止活死人的禍害。首先，各國政府和國際組織必須迅速

且有效地拿出應對死靈族的新規則和措施。個人可以快速
適應新的環境，但前提是，這些環境隨著時間的推移能夠
多少保持穩定。[234] 如果個人知道喪屍爆發期間的「新常態」
是什麼模樣，那麼恐慌就不會那麼普遍了。

其次，應該推行某些辦法，以便「敦促」個人採納正
確的抗喪屍策略。[235] 這些辦法應具備利於謹慎抗喪屍行為
的「不履行選項」（default options），而非假設個人都會
採行自己積極的抗喪屍措施。例如，在喪屍襲擊後，任何
駕照考試可能會包括一個新項目，要求應考者演示逃生的
策略，也就是如何在對機動車輛造成最小損壞的前提下，
以「先撞再逃」的策略對付食人鬼。

最終還有一個可能奏效的冒險策略。本章的重點是人
類的心理屬性，但喪屍的心理又如何呢？喪屍研究文獻中
數一數二的大謎團是：為什麼硬說活死人愛生吃人肉呢？
畢竟這種食肉習性似乎無法從生物學的角度解釋得通。[236]
由於喪屍傾向成群結隊遊蕩，「第一形象」理論家會假
設，這種嚙人的決定是群體思維的典型案例，也就是說，
個人傾向優先考慮群體共識而非徹底轉而審視其他替代方
案以及建議。[237] 這種現象已在人類身上觀察到了，但也許

也適合用來解釋喪屍的行為。從他們的群聚行為分析，不妨說活死人最關心的是在他們之間就自己的社會目的達成共識。這可能會導致個體喪屍不至於質疑吃人肉這一決定背後的假設。

　　一個風險挺大但有趣的政策選項是：人類政府派出心理操作專家對死靈族社群進行「認知滲透」（cognitive infiltration）。先前已經有人提議，對極端主義團體和恐怖組織採行這一策略。[238] 藉由暗示性的咕噥、呻吟和聳肩動作，也許這些特工人員可以就此終結喪屍間的認知封閉，讓他們質疑自己的本體論假設。如果喪屍擺脫了認知的桎梏，意識到自己不需吃人，那麼死靈族的危機就不至於那麼嚴重了。

　　當然，活死人會在特工還來不及執行任務前，便有可能將其生吞活剝了。然而，正如「展望理論」所暗示的，絕望時期會催生出非常措施。

對喪屍社群派出策反的臥底特工，此策略風險雖高，但報酬率也可觀。

結論……或是我的一己之見

有個陰影在世界政治中徘徊：屍體復活，要來大啖人腦。迄今為止，國際關係理論對喪屍威脅的學術反思還屬淺薄。本人試圖較深入地探究這個迫在眉睫的問題。上文應已清楚交代過了，國際關係理論對於政府、國際機構、國內利益、官僚機構和個人將如何應付活死人構成的跨國威脅等議題，已提供了一些值得關注的、多樣化的預測和建議。

快速回顧一下，我們不難看出跨越不同理論範式的一些有趣的連貫性。例如，這些方法中的大多數都預測活死人將對不同的國家政府產生輕重不一的影響。強國比較有可能抵擋食人鬼大軍。弱國和發展中的國家將較容易受到喪屍的侵擾。無論是出於現實主義的冷漠、對女性歧視的政策、公眾支持的減弱、官僚主義的角力，還是個人決策者的失誤，國際干預都可能是短暫或欠完善的。徹底根除

喪屍威脅是極不可能的。死靈族的災禍將對最窮、最弱的國家造成不成比例的嚴重影響。

與喪屍經典作品相比，不同的理論還給予了更多種類的潛在結果。電影和小說中傳統的喪屍敘事很快就會走向世界末日式的大災難。然而，這裡提出的大多數理論方法都表明，將會對活死人的威脅做出強而有力的政策反應。現實主義認為，死靈族和其他所有人之間最終將作出一種「自己活也讓別人活」的寬容安排。自由主義者預測出現一個不算完美但實用的抗喪屍制度。一些建構主義者則會預測一個強大的多元化安全社區，致力防止喪屍潮再度爆發，並讓倖存的喪屍融入人類社會。後結構主義的女權主義者則設想一個人類和後人類不分彼此的世界。組織在最初的反應中可能犯錯，不過他們也能適應並加以克服。個人將不得不採取積極的策略以應對活死人。這些預測都表明，也許（只是也許）喪屍經典作品中有關人類滅絕的主流敘述未免太危言聳聽了。

這項調查儘管令人鼓舞，但也提出對一些不難想見之場景的警告。首先，災難性的結果仍很有可能發生。官僚主義的功能失調可能引發國家權威的全面崩潰。輿論和利

益集團的壓力可能會使多邊合作更加困難。「規範擴散」可能會導致世界改觀：人類和喪屍之間生物學上的區別將無關緊要，因為每個人都會像喪屍那般行事。政策制定者或個人可能會對喪屍的威脅過度反應，進而在過程中殺害許多人。不過，這些都只是**可能**的結果，至於**可能性的高低**完全是另一回事了。

其次，從人類安全的角度看，即使是上面討論的「樂觀」結果，與世界的前喪屍狀態相比，仍是程度嚴重的災難。人類的安全措施主要側重於個人風險，而國家的安全手段主要針對國家風險。[239]從這個角度來看，但凡威脅到個人身體完整性的東西都被視為威脅。由於喪屍都將集中在世界上最窮、最弱的國家中，數十億人除了苦於疾病、貧困和法治不彰，還將面臨額外的威脅。後殖民主義的學者會注意到，南方世界將因活死人的侵擾以及旨在壓制活死人的政策而付出不成比例的代價。在死靈族遊蕩的年代裡，世界大多數人都無法擺脫恐懼。

這一發人深省的評估凸顯了國際關係標準範式中的一個缺陷：其分析手段侵入了二十一世紀的安全議題。大多數國際關係理論都是以國家為中心的，但是國與國之間衝

突的威脅已不再那麼重要了。事實上，儘管持相反看法的
人還是不少，但在過去幾個世紀裡，國與國之間的暴力事
件已經顯著下降了。[240]回顧一下本書開頭所臚列的那些危
險，幾乎沒有一項源自國家。恐怖分子和駭客沒有大片疆
土，因此很難對其進行報復。最近的流行病凸顯出二十世
紀的威脅是如何以微寄生物而非大寄生物為主的。像颶風
或火山等自然災害不具備我們理解之「施動者」（agency）
的概念。疾病的媒介或融化的冰川也沒有。國際關係專業
的起點總是國家，而政府將繼續成為世界政治方程式中的
重要元素。除非這些理論能夠自我調整，以適應對於人類
大量的不對稱威脅，否則它們將很難為活死人現象提出有
力的政策回應。

　　顯然，進一步的研究有其必要。這最終引起了一些至
關重要的問題：我們如何評估每種範式預測的詮釋力？其
中只有一種才是真的嗎？還是不只一種？抑或全部為真？
在社會科學中，判斷不同理論的最佳方式在於設計可供實
證檢驗的各種方法，以便對其加以支持或是證偽。然而，
對於喪屍的問題，這既不可取也不可信。

　　國際關係學者必須承認，說到對治活死人的政治判

斷，嚴謹的分析還不夠。解釋政治結果的範式方法確實提供了一些有用的分析工具，但這工具包仍然不完備。甚至國際關係理論家自己也認清了這一事實。也許個別的現實主義者會將喪屍與人類加以區別對待，也許倡導以立法方式施加限制的人也會同意，活死人的攻擊可能會壓垮立法機構的反應能力。當你面對像食人鬼這樣牽涉到具體政策的問題時，特定的微觀理論（指適用於一組背景極其特定的「權變假說」〔contingent hypothese〕）也許比大範式（grand paradigms）來得有用。[241]

　　判斷哪個模式可應用於世界政治（以及何時應用）的能力該算藝術而非科學範疇。[242]正如阿爾伯特‧赫希曼（Albert Hirschman）在喬治‧羅梅羅的一九六八年的《活死人之夜》上映後不久所觀察到的：「通常社會科學家能掌握一種範式或是因果過程就很開心。所以，他們的猜測往往比經驗豐富的政治家的猜測更為離譜，畢竟後者依賴直覺，較有可能將各種力量考慮在內。」[243]

　　本書提醒大家注意喪屍研究普遍的錯誤觀點：一旦死人復活、爬上地表活動了，世界就會完蛋。讀者不妨自行判斷如何處理這些訊息。國際關係理論顯然保留了一些實

用面。然而，也許這些解釋當前全球威脅和挑戰的理論，
其效力比國際關係理論家在自己的學術研究中所宣稱的更
為有限。認識這些範式的人，比方對世界政治感興趣的聰
明學生，都應該動動大腦，要搶在喪屍尚未決定享用它之
前來思考這個問題。

尾聲：讓大腦恢復活力

　　從任何可觀察的指標來看，自第一版《國際政治理論與喪屍》（*Theories of International Politics and Zombies*）問世以來，活死人已蔚為一種熱門程度大增的流行文化現象。喪屍電影製作的步伐加快，二〇一三年電影版《末日之戰》的全球票房超過五億美元。羅伯特・柯克曼在 AMC 電視網的《陰屍路》系列成為高收視率的作品，並激發了同類型節目的製播。再從任何學術產出的衡量標準來看，喪屍研究也呈爆炸式的增長。[244] 為什麼活死人的主題繼續在文化的領域中走紅？而且，說老實話，這對人類有好處嗎？

　　若要理解喪屍在流行文化聚光燈下歷久不衰的氣勢，就必須從重新審視這裡所提出的各種論點開始。喪屍占據了機器人專家和動畫師所稱之人類感知中的「神祕幽谷」（the uncanny valley），如此接近人類，但絕對與人類無

關，以至於立即引起憎惡。此外，所有喪屍敘事的一個共同點是：被喪屍咬傷的人最終百分之百都會變成喪屍。即使是現實世界中最致命病原體（例如伊波拉病毒或愛滋病病毒）的感染率也低於五十％。

　　癥結在於這些「恐怖風險」的性質[245]。因為喪屍電影的出品與戰爭、經濟衰退、流行病或普遍不滿之間存在關聯。即使國際安全的傳統威脅正在減弱，但是非傳統的威脅似乎也在不斷地衝擊著世人們的感受。自二○○一年九月十一日的恐攻事件以來，儘管恐怖襲擊事件實際有所減少，但對恐怖主義的擔憂並未減弱。幾十年來，抗藥性的大流行病一直是各地新聞的主要內容，其報導方式常是歇斯底里的，而COVID-19的無數變體只會加劇這些驚懼。科學家繼續警告氣候變化對地球構成的危險。若說二○○八年有什麼值得我們記住的教訓，那就是打擊全球金融體系的危機和傳染。二○一三年，美國官員宣布，網路攻擊現在已是國家安全的最大威脅。從二○一一年的阿拉伯之春到二○二○年紀念喬治・佛洛伊德的全球抗議活動，看似不可預測且自發性的騷動蔓延開來，讓人感覺政治秩序更形脆弱。

若與冷戰時期相比，喪屍對國家安全造成的威脅沒有那麼嚴重，但所引發的不確定性則更多。在流行文化中，喪屍正是這些威脅的完美象徵。就像流行病或金融危機一樣，你是不可能與活死人談判的。和線上或線下的恐怖主義一樣，食人鬼哪怕只是小規模的爆發，似乎就能造成遍野哀鴻。一群復活的、貪婪的屍體就像氣候變遷一樣無情。

精英階級對喪屍的重視進一步具體化喪屍的文化意義。由於活死人在當前的文化時代精神中引起如此強烈的迴響，因此各種煽動者和政客將活死人用作自己想法的「釣鉤」也就不足為奇了。《紐約時報》的專欄版似乎不可能哪一週不刊出喪屍的相關文章。[246] 活死人現在是從手機到政客等促銷廣告的標準內容。

美國聯邦政府的機構在剝削活死人方面是最精明的。二〇一一年五月，美國疾病控制和預防中心在其一個部落格上貼了一篇小文，內容是：如果死人從墳裡復活並且大吃一頓活人內臟，那麼該怎麼辦？[247] 不過短短兩個小時，該中心的網路伺服器即因流量激增而停擺。疾管局認為這是個可喜現象，接著很快又趁勢推出漫畫書《預防喪屍襲

擊 101 招》（*Zombie Preparedness 101*），目的在教育讀者如何準備應對喪屍襲擊，而其步驟與應對自然災害的準備步驟類似，這點應該不是巧合。[248]

其他多個聯邦機構也注意到疾管局的成功。國土安全部還將喪屍納入其規劃和宣傳行動。最值得注意的是，美國戰略司令部制定了反抗喪屍統治的應急計畫。作者群在開場中解釋：「編寫『喪屍災難存活計畫』時用的誇張手法實際上是一個非常好用又有效的訓練工具。」[249]美國之外的其他政府也將喪屍場景視為一種宣導防災準備的方式。

這些例子凸顯了一個事實：活死人可以用作隱喻，是激發人們對其他想法產生興趣的積極方式。恐怖類的作品有項優勢：人們據此談論當今問題而不需要直接加以解決。與其喋喋訴說氣候變化的威脅，不妨改談活死人的威脅，這樣反能突出這個問題。一旦將喪屍牽扯進來，深奧的公共政策問題突然變成普通公民都可以參與的歡快議論。美國戰略司令部也同意這觀點，並在其計畫一開頭就指出，「如果你將現實暫時擱下幾分鐘，此類訓練場景實際上可以把一個非常枯燥、單調的話題變成相當有趣的

事。」[250] 借用流行文化可讓我們在應對新挑戰或新情況時發揮更大的創造力。事實上，引用虛構文藝作品的辦法本身即在鼓勵政策企業家（policy entrepreneurs），鼓勵他們利用自己的敘事想像力，以非正統的、成效卓著的方式解決問題。

儘管如此，在流行文化中不斷提及活死人也有問題。二〇一二年五月在邁阿密發生的一起奇怪的襲擊事件：一名男了企圖吃掉另一名男子的臉，儘管警方多次開槍，但未輕易將其制服。在那之後，問題清楚浮現出來。邁阿密襲擊事件引發了在谷歌搜索「喪屍浩劫」的次數激增。襲擊案發生後，疾管局被迫公開否認喪屍病毒這一回事。[251] 多種喪屍紀錄片表示，那次襲擊可能是政府的研究工作出了差錯。

正如〈喪屍的相關敘事〉一章中所討論的，對超自然現象的信仰具有病毒特質：社會學研究表明，接觸其他人的信仰（姑且不論其合理性如何）都會增加自身接受相同信仰的可能性。喪屍從各種文類作品滲入主流媒體的次數越多，人們就越會相信喪屍確實存在。換句話說，你們這些閱讀本結語的人正是問題的一部分。

　　一個更嚴重的問題是「類比弱點」（weakness of analogies）。[252]政策企業家利用喪屍來吸引注意力是可以理解的。類比推理（analogical reasoning）背後的想法是：如果威脅的初始情況似乎符合食人鬼的情況，這將觸發緊急的政策反應。若是這樣就太好了，然而大家不要忘記喪屍敘事中的一個關鍵事實：喪屍的均質性令人沮喪。在幾乎所有的作品中，活死人都會在第一分鐘就登場，到了第十分鐘，世界即變成慘遭蹂躪的荒地。這就代表，如果出現類似喪屍的威脅，國家和公民社會都將崩潰。

　　對活死人的興趣已經從關注喪屍轉向關注喪屍世界末日式的大災難。受AMC電視網《陰屍路》啟發而製作的電視節目裡不一定有喪屍，但一定有末日景象。此類節目包括Netflix的《絕夜逢生》（*Into the Night*）和《逃出危城》（*To the Lake*）、TNT電視網的《末日列車》（*Snow Piercer*）和AppleTV+的《末日光明》（*See*），以及國家地理頻道的真人秀《末日生存者》（*Doomsday Preppers*）。同樣，馬克・福斯特的電影《末日之戰》在二〇一三年夏天首映時，同年出品的還有約瑟夫・科辛斯基（Joseph Kosinski）的《遺落戰境》（*Oblivion*）、吉爾莫・德爾・托

羅（Guillermo del Toro）的《環太平洋》（*Pacific Rim*）、奈·沙馬蘭（M. Night Shyamalan）的《地球過後》（*After Earth*）、埃文·戈德堡（Evan Goldberg）和塞斯·羅根（Seth Rogen）的《大明星世界末日》（*This Is the End*）以及艾德格·萊特的《醉後末日》（*The World's End*）等世界末日主題的影片。在文化領域一枝獨秀的不僅喪屍而已，世界末日也是當紅主題。

有人可能主張，所有這一切都是逃避現實的心態使然。然而，如果世人默認，某些威脅實際上會導致社會崩潰，那麼末日敘事就很重要。感知（perception）在維護國家復甦力和公共秩序等方面能發揮重要作用。如果公民認為自己搖搖欲墜處在混亂的懸崖邊，那麼末日思維本身就有助於生成它所感知的事物。

至少有些初步證據表明，有關世界末日的準備工作已影響了美國的政策辯論。二〇一二年十二月，康乃狄克州紐敦（Newtown）的一所學校發生槍擊事件。在那之後，全國步槍協會（National Rifle Association）執行副主席韋恩·拉皮埃爾（Wayne LaPierre）強烈反對任何有關槍支法規的進一步擬議，這倒不足為奇。令人驚訝的是他對這

一立場帶有千禧末日論色彩的解釋：

> 颶風、龍捲風、暴動、恐怖分子、幫派、單獨作
> 案罪犯。這些不僅是我們可能遭遇的危險，還是我們
> 必然面臨的危險。買槍不是妄想症。這是生存之道，
> 是負責任的行為。是時候了，我們該鼓勵守法的美國
> 人這樣做。……
>
> 有責任心的美國人了解到，我們所認知的世界已
> 經發生變化。我們美國人民清楚地見識到，我們無疑
> 將面臨多種令人生畏的勢力：恐怖分子、犯罪、販毒
> 團伙，可能發生歐債式的騷亂、內亂或者自然災害。
>
> 擁有槍支的人不是因為他們預計會與政府發生衝
> 突才購買槍枝的，反而是因為預計衝突發生時，政府
> 根本就不存在或是沒能及時出現。[253]

拉皮埃爾的論點基本是，當前的世局有點像大災難的
前夕，以至於每個公民都有理由為末日預做準備。這種誇
張說法不僅出現在利益集團的遊說中，還出現在參議員林
賽・葛瑞姆（Lindsey Graham）擔心武器火力不足的言論

中，萬一「化學毒物被釋放到空氣中，而執法部門實在無法做出反應，有人就會利用這種法律真空的漏洞，這時你若沒有強大火力，該如何自保呢？」[254]如果說客和參議員都在高聲議論《活死人歸來》中的場景，政治論述的狀態就出現了問題。事實上，這是為了呼應佛羅里達州的如下法案：准許沒有「隱密持武許可證」（concealed weapon permit）的居民在緊急狀態時攜帶槍枝；有位州參議員提議將該法案的標題修改為「喪屍末日相關法案」（act relating to the zombie apocalypse）[255]。

　　喪屍在流行文化中的復興可能本身即在滋養一種助長偏執狂的文化時代精神。例如，在COVID-19大流行期間對疫苗的猶豫態度部分即源於喪屍敘事。不少人提及弗朗西斯‧勞倫斯（Francis Lawrence）二〇〇七年的《我是傳奇》（I Am Legend）的開頭，因為在那部片中，癌症治療術意外將人變成了類似喪屍的生物，這便是他們對疫苗那種猶豫態度的根源。有位人士明確告訴《華盛頓郵報》：「我喜歡那部電影的原因不只一個，但那內容有點嚇人。反正不想變成喪屍。」[256]除了不理解為什麼那部電影中的感染者不是真正喪屍之外，這種心態還顯示了對社

會深深的不信任，並且假定文明隨時都會崩潰（但這和長期的數據資料完全相反）。[257]

我們的千禧末日論困境是否能有什麼處置對策？也就是在遵循建構主義政策選項時不須抹除整套喪屍經典？或許解決方案在於導入更具創造性的喪屍敘事。在喪屍傳說中，喬治・羅梅羅的作品以及羅伯特・柯克曼的《陰屍路》系列裡那種嚴酷、無情的世界末日景象總是占有一席之地。也就是說，流行文化還需要更多的敘事，比如馬克斯・布魯克斯的《末日之戰》、以撒克・馬里昂的《體溫》，甚至史蒂芬・索德柏（Steven Soderbergh）二〇一二年的《全境擴散》（*Contagion*），其中人類的適應性、獨特性和創造力也被充分展示出來。

對冠狀病毒大流行的反應也提供了有力證據，證明較悲觀的喪屍敘事並非一律冷酷。儘管初始反應會讓全球各國首都陷入類似《28天毀滅倒數》中的開場局面，然而事實證明，社會反應並不像人們所擔心的霍布斯式。城市中心實施撤員行動，但原因是市民聽從政府建議，採取了合宜的社交距離措施，以減少感染的傳播。沒有任何一部喪屍電影呈現如下鏡頭：心懷感恩的居民演奏小夜曲以慰

勞急救小組及醫護專業人員。災難中的常態是社會團結而非無政府狀態。

　　這本書最重要的一個結論是，大多數喪屍經典都低估了人類對非人類威脅快速的適應力。任何發明mRNA疫苗、強力膠布、智慧手機和奶油夾心蛋糕的物種，其機會應該都不止於僅能與活死人抗爭而已。關於食人鬼的敘事仍是駭人的，但這類敘事也可提醒觀眾，人類擁有適應新威脅並加以克服的巨大能力。我們只能讓大腦恢復活力，以便學著解決由活死人這隱喻所造成的政策問題。

第一版謝詞

　　在成長過程中，我並不喜歡恐怖電影。我對恐怖片最
早的記憶是小時候看了十分鐘的《鬼驅人》(*Poltergeist*)，
然後那天整夜沒睡。直到有天晚上我在電視上偶然看見
《28天毀滅倒數》，我才對喪屍類的片子產生興趣。我
非常感謝導演丹尼・博伊與編劇亞歷克斯・加蘭(Alex
Garland)，因為這部被低估的作品讓我開始對喪屍電影產
生興趣。

　　這本專著源自本人在二〇〇九年八月《外交政策》
(*Foreign Policy*)上發布的一篇部落格文章*。這篇文章在
部落格圈子和國際關係界都引起相當多的關注。一些國際

---

*　【作者註】Daniel W. Drezner, "Theory of International Politics and Zombies,"
　　Foreign Policy, August 18, 2009, http://drezner.foreignpolicy.com/posts/
　　2009/08/18 /theory_of_international_politics_and_zombies（上網日期：二
　　〇一〇年七月十五日）

關係領域的教授聯繫我並告訴我，他們建議學生閱讀這篇
文章，因為它提供了一個切入點，讓學生較易進入相對深
奧的國際關係理論。這啟發我一個念頭：將其擴展為各位
此刻正在閱讀的內容。

　　我感謝亞歷克斯・馬西（Alex Massie），因為他發
表在部落格上、有關喪屍的文章激起了我對該主題的興
趣。在《外交政策》方面，麗貝卡・弗蘭克爾（Rebecca
Frankel）、蘇珊・格拉瑟（Susan Glasser）、布萊克・
霍恩謝爾（Blake Hounshell）、約書亞・科廷（Joshua
Keating）、莫伊塞斯・奈姆（Moises Naim）、布里特・彼
得森（Britt Peterson）和湯姆・斯特克（Tom Stec）為我
提供了一個很棒的平台，可以讓我在部落格上寫下從只有
內行人才懂得的國際關係理論爭辯到末日主題電影中的全
球治理等等內容。本書手稿有部分摘自二〇一〇年《外交
政策》的七、八月號*。

　　錢達・費蘭（Chanda Phelan）很友善地和我分享她手

---

*　【作者註】Daniel W. Drezner, "Night of the Living Wonks," Foreign Policy
　　180 (July– August 2010): 34–38.

上有關後世界末日小說的資料數據。

　　我把草稿硬塞給更多朋友、家人、同事和完全陌生的人看，比平常幫我看傳統主題稿子的人還多。我感謝貝瑟尼‧艾伯森（Bethany Albertson）、凱爾‧布朗利（Kyle Brownlie）、查理‧卡彭特（Charli Carpenter）、斯蒂芬妮‧卡文（Stephanie Carvin）、喬納森‧卡弗利（Jonathan Caverley）、山姆‧克蘭（Sam Crane）、埃莉卡‧德雷茲納（Erika Drezner）、艾絲特‧德雷茲納（Esther Drezner）、修雷‧哈里斯（Shohreh Harris）、查理‧霍曼斯（Charlie Homans）、約翰‧霍根（John Horgan）、帕特里克‧賽迪斯‧傑克遜（Patrick Thaddeus Jackson）、雅各布‧T‧利維（Jacob T. Levy）、凱特‧麥克納馬拉（Kate McNamara）、布萊克‧梅塞爾（Blake Messer）、米卡‧明茨（Micah Mintz）、珍妮佛‧米岑（Jennifcr Mitzen）、丹‧尼克森（Dan Nexon）、內金‧佩加希（Negeen Pegahi）、加布里埃爾‧羅斯曼（Gabriel Rossman）、史蒂夫‧賽德曼（Steve Saideman）、安娜‧塞萊尼（Anna Seleny）、喬安妮‧斯佩茨（Joanne Spetz）、勞莉‧威爾基（Laurie Wilkie）、傑森‧威爾遜

（Jason Wilson）、艾米・澤加特（Amy Zegart），感謝他們的回饋、建議和支持。艾倫・比蒂（Alan Beattie）、伊麗莎白・艾科諾米（Elizabeth Economy）、布拉德・根德爾（Brad Gendell）、以法特・雷斯・根德爾（Yfat Reiss Gendell）、珍妮佛・M・哈里斯（Jennifer M. Harris）、G.約翰・艾肯伯里（G. John Ikenberry）、大衛・萊克（David Lake）和麥可・馬斯坦杜諾（Michael Mastanduno）都提供了有用的建議，但他們也許不知道幫了我大忙。

　　普林斯頓大學出版社的團隊以他們的細膩、活力充沛和專業的精神大幅度地改善了本書。我感謝朱莉亞・利文斯頓（Julia Livingston）、娜塔莉・班恩（Natalie Baan）、泰瑞莎・劉（Theresa Liu）和珍妮佛・羅斯（Jennifer Roth）在將本書從畫素轉換為印刷紙本方面所給予的幫助。布賴恩・本德林（Brian Bendlin）的審稿工作幫助我修改了許多行文晦澀之處。安妮・卡列特尼科夫（Anne Karetnikov）的每幅插畫都勝過千字所表達的內容，這意味本書的知識價值有相當大的一部分要歸功於她。政治科學的編輯楚克・邁爾斯（Chuck Myers）和

總編輯彼得‧多格爾帝（Peter Dougherty）的恩情我永遠感銘於心，因為他們敢於標新立異，提出這種想法：「對啊！我們的目錄裡真正缺的是一本論述國際關係和喪屍的書。」

我的妻子艾瑞卡（Erika）對本書寫作計畫的反應與她對我其他所有書的寫作計畫反應一致，既放心又困惑。她在我這些工作中毫不吝嗇給予堅定的支持，我對她的感激之情將永遠持續。

最後，我要向《國際政治理論》（*Theory of International Politics*）的作者、我研究領域中的偶像（但也是我從未真正認識的人）肯尼斯‧沃爾茲（Kenneth Waltz）說一聲「我很抱歉」。

修訂版謝詞

　　如果沒有普林斯頓大學出版社的鼓勵和支持，本書就不會有修訂版。我感謝出版社的艾里克・克拉漢（Eric Crahan），因為他鞭策我修改並更新此書。布萊恩・本德林（Brian Bendlin）又再度擔綱為修訂版審稿，並潤飾我的文字，而安妮・卡列特尼科夫（Anne Karetnikov）則在其中附加了更多出色的插圖。

　　許多同事幫助我準備第二版的補充材料。「尾聲」是首次刊登在《華爾街日報》上的一篇文章，但經修訂和擴充而成。我感謝蓋瑞・羅森（Gary Rosen）給我機會撰寫那篇文章，也感謝列尼・西蒙斯（Lenny Simmons）讓我在紐約賓漢頓TEDx的「性、科技和搖滾」會議上發揮自己的一些想法。關於女性主義理論的那一章，我向很多同事尋求建議和回饋；非常感謝查理・卡彭特（Charli Carpenter）、斯蒂芬妮・卡文（Stephanie Carvin）、南希・

海特（Nancy Hite）、勞拉・麥肯納（Laura McKenna）、凱特・麥克納馬拉（Kate McNamara）、勞拉・舍伯格（Laura Sjoberg）和瑪麗亞・蔡斯伯格（Mariah Zeisberg），多虧她們，這一章的學術研究價值方能進一步提升。

最後，如果沒有第一版的成功，修訂版就不可能問世。為此，還有其他人要感謝。我的第一版公關惠特尼・皮林（Whitney Peeling）在這本書的宣傳工作上表現得非常出色。我要感謝喪屍研究協會諮詢委員會的成員，特別是馬克斯・布魯克斯、馬特・莫克（Matt Mogk）、史蒂夫・施洛茲曼（Steve Schlozman）、蒂莫西・韋爾斯泰寧（Timothy Verstynen）和布拉德・沃特克（Brad Voytek），因為他們要我放心，我並不是唯一撰寫關於活死人主題文章的人。我感謝所有聽我在ZomBcon、Walker-Stalker Con和Comic-Con上演講的人，因為他們的參與讓我明白，這領域的研究尚有未經開發的觀眾群。然而，最重要的是，我感謝所有在課堂上將拙作列入課堂書單的國際關係教授。本書寫作計畫的目標一直是讓讀者發笑同時思考（但不一定按照先發笑後思考的順序）。根據我從其他學校同事那裡收到的反應，我確實覺得任務已經完成。

末日版謝詞

　　每次我認為已處理完死靈族的議題時，它們就會把我再拉回來。

　　在COVID-19出現後，活死人構成的威脅與比較傳統之流行病所構成的威脅，其間的相似之處很快變得清晰起來。如此清晰，以至於《外交政策》的喬納森・泰珀曼（Jonathan Tepperman）邀我寫出一篇分析兩者異同的文章。我感謝他和斯蒂芬・泰爾（Stefan Theil）一直照看了那篇文章的撰寫過程，並鼓勵我嘗試再版本書。

　　說到普林斯頓大學出版社，我感謝布里奇特・弗蘭納里–麥考伊（Bridget Flannery-McCoy）和阿萊娜・契卡諾夫（Alena Chekanov）在疫病大流行期間為完成此一版本所給予的支持。約瑟夫・達姆（Joseph Dahm）提供了寶貴的審稿協助。

註釋

1　Bishop 2008; Dendle 2007.

2　Brooks 2003; Louison 2009; Ma 2010.

3　Bolger 2010.

4　關於著名的小說，請參閱：Whitehead 2011。關於修正主義的維多利亞前期文學，請參閱：Austen 和 Grahame-Smith 2009；《傲慢與偏見以及喪屍》（*Pride and Prejudice and Zombies*）的成功催生了許多類似重新詮釋經典作品的書籍，從兒童故事（Baum 和 Thomas 2009；Carroll 和 Cook 2009）到美國文學的標竿（Twain 和 Czolgosz 2009）再到披頭四樂隊的歷史（Goldsher 2010）都有。

5　Katy Harshberger of St. Martin's Press, quoted in Wilson 2009.

6　Bishop 2008; Newitz, 2008; VanDusky 2008.

7　Koblentz 2010; Stern 2002–3.

8　Dendle 2007, 54.

9　Buus 2009; Grayson, Davies, and Philpott 2009.

10　Carlson 2003; Chyba and Greniger 2004; Klotz and Sylvester 2009; Koblentz 2010; Stern 2002–3.

11　Berlinski 2009; Davis 1988.

12　US Strategic Command 2011.

13　Martin Dempsey, 由 Barnes 2014 所引用.

14　Twitchell 1985, 273.

15　Waldmann 2009.

16　值得注意的例外包括：Brooks 2006 & Grant 2010。

17　參見：Cooke 2009, chap. 7.明顯而重要的例外是Joss Whedon, Buffy the Vampire Slayer ,1997-2003和Angel ,1999–2004.

18　關於青少年吸血鬼的敘事，參見：L. J. Smith's Vampire Diaries series (1991–); Charlaine Harris's Southern Vampire Mysteries (aka the True Blood series, 2001–); Stephenie Meyer's Twilight series (2005–); Richelle Mead's Vampire Academy series (2006–); D. C. Cast and Kristin Cast's House of Night series (2007–)以及Melissa De La Cruz's Blue Bloods series (2007–)。

19　Grayson, Davies, and Philpott 2009, 157；強調的部分原文即有。

20　Bishop 2009; Christie and Lauro 2011; Harper 2002; Loudermilk 2003.

21　Chalmers 1996; Dennett 1995; Moody 1994..

22　Vrselja et al. 2019.

23　Foster, Ratneiks, and Raybould 2000; Hughes et al. 2009; Hughes, Wappler, and Labandeira 2010.

24　Rudolf and Antonovics 2007.

25　Schlozman 2011; Vass 2001.

26　Cassi 2009.

27　Cooke, Jahanian, and McPherson 2005.

28　Smith? et al. 2009, 146.

29　參閱：Gelman 2010; Messer 2010; and Rossman 2010.

30　Nicolaides, Cueto-Felgueroso, and Juanes 2013.

31　委員會成員的名單請參考：http://zombieresearch.org/advisory board.html （上網日期：二〇一〇年七月十五日）。

32　例如可以參考：Quiggin 2010.

33　關於吸血鬼的經濟研究，請參考：Hartl and Mehlmann 1982; Hartl, Mehlmann, and Novak 1992以及Snower 1982.至於剛出現不久的喪屍經濟學文獻，請參考：Whitman and Dow 2014.

34　例如可以參考：Wadsworth 2016.

35　Thomas Hobbes, Leviathan, part 1, chap. 13, para. 9; Kautilya, The Arthashastra, book 4, chap. 3, para. 13–15; Sun Tzu, Art of War, chap. 11, line 14; Thucydides, History of the Peloponnesian War, book 2, para. 50.

36　關於幽浮，請參考：Wendt and Duvall 2008;關於巫師與國際關係，請參考：Nexon and Neumann 2006;關於哈比人與國際關係，請參考：Ruane and James 2008.關於《星際大爭霸》（*Battlestar Galactica*）系列中的賽隆人（Cylons），請參考：Buzan 2010和Kiersey & Neumann 2013. Buus 2009, Davies 2010以及Molloy 2003都討論了吸血鬼和國際研究。Dixit 2012則將焦點放在《超時空奇俠》（*Doctor Who*）。關於喪屍的政治科學研究，請參考：Blanton 2013; Coker 2013; Hall 2011; Wadsworth 2016以及Youde 2012.

37　Goldsmith 2007; Hoyt and Brooks 2003–4; Klotz and Sylvester 2009.

38　Suskind 2006.

39　Stern 2002–3.

40　Clarke 1999; Cordesman 2001.

41　Drezner 2009; US Strategic Command 2011.

42　Sparks, Nelson, and Campbell 1997.

43　Markovsky and Thye 2001.

44　Crawford 2000; Gray and Ropeik 2002; Moïsi 2007; Strong 1990.

45　Maberry 2008, 267.

46　同上，亦請參考：Bishop 2009.

47　關於課程大綱，請參考：Colgan 2016.關於引文模式，請參考：Kristensen 2018.

48　King, Keohane, and Verba 1994, 29–30.

49　Ferguson 2004; Haass 2008; Naim 2013, Schweller 2010.

50　 McNeill 1976.

51　參閱：Der Derian 2002, and US Strategic Command 2011, 20.二〇一〇年，馬克斯・布魯克斯應美國海軍戰爭學院指揮官的要求向該校學生發表演講。參閱：Max Brooks, "The Naval War College," http://maxbrooks.com/news/2010/04/12/the-us-naval-war -college/（上網日期：二〇一〇年七月十五日）。

52　On simulations, see Van Belle 1998; on agent-based modeling, see Cederman 2003.

53　參閱：Buus 2009; Buzan 2010; Carpenter and Young 2018; Cordesman 2001; Hulsman and Mitchell 2009; Kiersey and Neumann 2013; Muller 2008; Van Belle, Mash, and Braunwarth 2010; Weber 2006; and Weldes 2003.

54　Solnit 2009, 120–34.

55　Tetlock 2005.

56　Jackson and Nexon 2009; Lake 2011.

57　Frieden, Lake, and Schultz 2009; Lake 2011.

58　US Strategic Command 2011, 5–6.

59　亦請參閱：Brooks 2003, 1.

60　也有例外。在多米尼克・米切爾（Dominic Mitchell）的《復生》（In the Flesh）中，人被喪屍咬後也會變成喪屍的說法被視為都市傳說而遭否定。

61　這種定義還排除一些具有準喪屍屬性的角色，例如喬斯・韋登（Joss Whedon）的電視劇《螢火蟲》（2002）中的掠奪者（Reavers）或克羅寧（Cronin）二〇一〇年作品中的病毒。

62　例如對於死靈族五花八門的描述方式，請參考：Adams 2008 and Golden 2010.

63　請參考：Keene 2004 and 2005 以及 Wellington 2006a, 2006b, and 2007.

64　King 2006.

65　Brooks 2003, 2006.

66　Recht 2006.

67　Cordesman 2001; Koblentz 2010.

68　Perrow 1984.

69　Klotz and Sylvester 2009.

70　Dendle 2001, 121; Twohy 2008, 16.

71　Bishop 2009, 21; Maberry 2008, 22–23.

72　關於這場爭論的精確摘要，請參考：Levin 2004.

73　Ma 2010, 2–3.

74　Brooks 2003, 13–14.

75　Maberry 2008, chap. 3.

76　最值得注意的例外是查克里・史奈德二〇〇四年重拍的《活人生吃》，
　　其中病毒感染速度很慢，但喪屍移動的速度卻很快。

77　Cordesman 2001, 11; Maberry 2008, 172.

78　US Strategic Command 2011, 16.

79　現實主義內部有大量的範式區分（intraparadigmatic divisions），但空間
　　限制阻止了對其進一步探索。關於古典現實主義，參見：Mor genthau
　　1948。關於新古典現實主義，參見：Rose 1998和Zakaria 1998。關於後
　　古典現實主義，參見：Brooks 1997。Mearsheimer 2001則是「進攻性現
　　實主義」（offensive realism）的典型範例。Snyder 1991是「防禦性現實
　　主義」的一個很好範例。關於批評，參見：Legro and Moravcsik 1999。

80　Walt 1987.

81　Waltz 1979, 105.

82　Grieco 1988；亦請參考：Powell 1991和Snidal 1991.

83　Herz 1950; Jervis 1978.

84　Mearsheimer 2001.

85　Mearsheimer and Walt 2007.

86　Waltz 1979, 76–77.

87　Gilpin 1981; Kennedy 1987; Kim 1992; Organski 1958.

88　關於「疫苗民族主義」，請參考：Bollyky and Bown 2020；有關COVID-19
　　全球治理較全面的討論，請參考：Debre and Dijkstra 2021.

89　Diamond 1999; McNeill 1976; Price-Smith 2002.

90　Anbarci, Escaleras, and Register 2005; Brancati 2007; Cohen and Werker
　　2008; Kahn 2005; Nel and Richarts 2008.

91　US Strategic Command 2011, 23.

92　Glaser and Kaufmann 1998.

93　Brooks 2006, 105–11.

94　關於防堵策略，請參考：Gaddis 1982 and Kennan 1984.

95　Christensen and Snyder 1990; Mearsheimer 2001.

96　Mastanduno 1992.

97　Hughes 2007.

98　Walt 1996.

99　Mearsheimer 2001, 152–55.

100　由於篇幅有限，這裡無法進一步討論自由主義不同種類的範式。關於康
　　　德的自由主義，參見：Doyle 1983；關於商業自由主義，參見：Russett
　　　& Oneal 1997。Keohane 1984提供了有關新自由制度主義（neoliberal
　　　institutionalism）最出色的論述，而Moravcsik 1997則分析了觀念自由主
　　　義（ideational liberalism）。關於民主自由主義，參見：Doyle 1986；關
　　　於自由國際主義，參見：Ikenberry 2000。

101　Hardin 1982; Olson 1971.

102　Axelrod 1984; Axelrod and Keohane 1985.

103　Keohane and Nye 1978; Lipson 1984.

104　Drezner 2000; Keohane 1984; Martin 1992.

105　Martin 2000; Simmons 2009.

106　Powell 1991; Snidal 1991.

107　Kimball 2006; Knobler, Mahmoud, and Lemon 2006; Koblentz 2010, 102–3.

108　Harper 2002; Lauro and Embry 2008; Webb and Byrnard 2008.

109　Axelrod 1984; Fudenberg and Maskin 1986.

110　Olsson and Verbeek 2018.

111　Debre and Dijkstra 2021.

112　Khan 2011.

113　Raustiala and Victor 2004.美國戰略司令部指出，在擬定抗喪屍計畫時，
　　　他們參考了包括《聯合國憲章》在內的一系列國際條約和協議。請參
　　　考：US Strategic Command 2011, 7–8.

114　Drezner 2007.

115　Brooks 2006, 264–69.

116　Ikenberry 2000, 2010.

117　Chayes and Chayes 1993; Downs, Rocke, and Barsoom 1994.

118　Haftendorn, Keohane, and Wallander 1999; Lake 2001.

119　Hoyt and Brooks 2003–4.

120　Brooks 2006, Grant 2010.

121 Marlin-Bennett, Wilson, and Walton 2010.

122 Barrett 2007b; Nadelmann 1990.

123 Barrett 2007a.

124 Flores and Smith 2010; Kahn 2005.

125 Kahn 2005; Ó Gráda 2009; Sen 1983.

126 Fidler 2004.

127 Brooks 2006, 47.

128 Drezner 2007; Keck and Sikkink 1998; Sell 2003.

129 參見：《公民爭取死靈族權利與平等宣言》（*The Citizens for Undead Rights and Equality Manifesto*）http://www.votecure.com/vote /?p=13（上網日期：二〇一〇年七月十五日）。

130 Carpenter 2007.

131 關於以國家為中心的方法，參見 Wendt 1999；如需更多非以國家為中心的觀點，請參閱：Holzscheiter 2005。Der Derian and Shapiro 1989 提供了一種較具解釋主義（interpretivist）色彩的方法。

132 Tannenwald 1999, 2005.

133 Johnston 2001.

134 Mercer 1995.

135 Mitzen 2006.

136 Cooke 2009, chap. 7; Russell 2005.

137 Webb and Byrnard 2008, 86;強調之處係本人所加。

138 Wendt and Duvall 2008.

139 Lewis-Kraus 2021; Bender 2021.

140 Wendt 1992.

141 Price-Smith 2003; Strong 1990. 14. 15.

142 Adler and Barnett 1998.

143 Durodié and Wessely 2002; Furedi 2007; Glass and SchochSpana 2001; Quarantelli 2004; Tierney 2004.

144 Solnit 2009, 2.

145　Snyder 2002. 然而，即使在飢荒的情況下，Ó Gráda (2009) 也極少發現吃人肉的證據。

146　Mercer 1995.

147　Wendt 2003.

148　Furedi 2007, 487.

149　Clarke 2002; Grayson, Davies, and Philpott 2008; Mitchell et al. 2000; Tierney, Bevc, and Kuligowski 2006.

150　Webb and Byrnard 2008, 84.

151　Finnemore and Sikkink 1998.

152　Brooks 2006, 157–58.

153　Nye 2004.

154　Sylvester 2013.

155　Dietz 2003, 400.

156　Murphy 1996; Peterson 1992; Sylvester 2002; Tickner 1992; Tickner and Sjoberg 2013.

157　不幸的是，這種邊緣化波及女性學者本身。參閱：Maliniak, Powers, and Walter 2013.

158　Tickner 1992.

159　Chin 1998; Enloe 1989, 2013; Sjoberg and Gentry 2007.

160　Cox 1981. 關於這個分歧，也請參考 Tickner 1997 和 Keohane 1998 之間的觀點交流。

161　例如可以參考：Zalewski and Runyan 2013.

162　Caprioli 2003, 2005; Caprioli and Boyer 2001.

163　Buck, Gallant, and Nossal 1998.

164　Steans 1998, 5.

165　Moon 1997.

166　Tickner 1992, 41.

167　Chowdhry and Nair 2002; Crenshaw 1989; Sylvester 2002.

168　Marion 2011, 42 and 127.

169　Zvobgo and Loken 2020. 關於較廣泛性的討論，請參考：Vitalis 2000.

170 例如可以參考：Búzás 2021.

171 Said 1978; Mbembe 2001.

172 Seth 2011; Mishra 2012; Pourmokhtari 2013; Henderson 2013.

173 參見：Barnett and Duvall 2005.

174 Foucault 1977, 27.

175 Grovugui 2004.

176 Snowden 2019.

177 Aizenberg 1999, 462.至於比較一般性的討論，參見：Comaroff and Comaroff 2002.

178 Scott 1985.

179 參閱：Duque 2018; Hafner-Burton, Kahler, and Montgomery 2009; Hafner-Burton and Montgomery 2006; Kahler 2009; Lazer 2011; Oatley et al. 2013; Slaughter 2009; and Ward, Stovel, and Sacks 2011.

180 Carpenter 2007a, 2007b, 2011.

181 Winecoff 2020; Goddard 2018; Farrell and Newman 2019.

182 參閱：Bueno de Mesquita et al. 2003; Milner 1997; Putnam 1988; Weeks 2008.

183 Risse-Kappen 1991.

184 Krasner 1978.

185 Jakobson and Knox 2010.有關習近平的一人專政，參閱：Shirk 2018.

186 Kaufmann 2004; Ornstein and Mann 2006.

187 Cooper 2002; Howell 2003; Rudalevige 2003.

188 Howell and Pevehouse 2007.

189 Baum 2002.

190 Eichenberg 2005; Feaver and Gelpi 2004.

191 與預防措施相比，選民更為看重政客的災後處理表現，請參閱：Healy and Malhorta 2009.

192 Burbach 1994; Kohut and Stokes 2006.

193 Pew Research Center 2009 and 2013.

194 US Strategic Command 2011, 14.

195 Przeworski and Wallerstein 1988.

196 Stanger 2009.

197 這一結果與 Milner 1997 的觀點一致。

198 Jakobson and Knox 2010.

199 Li 2009.

200 Acemoglu and Robinson 2012; Bueno de Mesquita et al. 2003.

201 Wallace 2011.

202 Evans, Jacobsen, and Putnam 1993; Putnam 1988.

203 Barnett and Finnemore 2004.

204 Wilson 1989.

205 Allison 1971; Halperin 1974.

206 Cohen, March, and Olsen 1972.

207 有關立法的約束，參見：Weingast and Moran 1983；有關行政部門的約束，參見：Moe 1990；有關綜合的方法，參見：Hammond and Knott 1996.

208 Simon 1976.

209 Zegart 2007.

210 Cordesman 2001.

211 Keene 2005, 123.

212 Solnit 2009, 125.

213 Brooks 2006, 94–100.

214 Brooks 2003, 155.

215 空軍經常轉而負責運輸和後勤補給工作，作戰能力因而大打折扣。

216 Brooks 2006, 145.

217 Lewis 2021; Wright 2021.

218 Hafner-Burton, Kahler, and Montgomery 2009; Slaughter 2004.

219 Whitehead 2011, 137.

220 Stern 2002–3.

221 Mori 1970.

222 Price-Smith 2002; Strong 1990, 252–54.

223 Kahneman 2011.

224 Bynam and Pollack 2001; Waltz 1959.

225　Jervis 1976.

226　Houghton 1996; Khong 1992; Neustadt and May 1986.

227　Maberry 2008, 39.

228　Brooks 2003, 154.

229　Mercer 1996.

230　Kahneman and Tversky 1979; Levy 1997.

231　Jervis 1992.

232　Kahneman and Renshon 2007.

233　Weinstein 1980.

234　Glass and Schoch-Spana 2001.

235　Thaler and Sunstein 2008.

236　Brooks 2003.

237　Janis 1972.

238　Sunstein and Vermeule 2008.

239　Paris 2001.

240　Goldstein 2011; Mueller 2009b; Pinker 2011.

241　Most and Starr 1984.

242　Berlin 1996; Katzenstein and Okawara 2001–2; Sil and Katzenstein 2010.

243　Hirschman 1970, 341.

244　Phillips 2014.

245　Stern 2002–3.

246　例如可以參見：Collins 2012a, 2012b, 2013; Krugman 2013; Wilentz 2012.

247　Khan 2011.

248　參見：美國疾病控制和預防中心，"Preparedness 101: Zombie Pandemic," http://www.cdc.gov/phpr/zombies/# /page/1 (accessed April 4, 2014).

249　US Strategic Command 2011, 1–2.

250　US Strategic Command 2011, 2.

251　Campbell 2012.

252　Houghton 1996; Khong 1992; Snidal 1985.

253　LaPierre 2013；粗體字係原文強調的部分。

254　引述自如下著作：Dan Diamond, "The Coronavirus Vaccine Skeptics Who Changed Their Minds," Washington Post, May 3, 2021；亦請參考：Nicol Hong, "Inside One Company's Struggle to Get All Its Employees Vaccinated," New York Times, August 6, 2021.

255　Collins 2013.

256　Deslatte 2014.

257　關於暴力和屠殺越來越少的長期趨勢，參見：Goldstein 2011; Mueller 2009b; and Pinker 2011. On reduced threat expectations in the United States, see Zenko and Cohen 2012.

FOR2 59

國際政治理論與喪屍
Covid-19 末日版

Theories of International Politics and Zombies : Apocalypse Edition

作者　　　　丹尼爾・W・德雷茲納（Daniel W. Drezner）
譯者　　　　翁尚均
責任編輯　　江灝
封面設計　　張巖
排版　　　　李秀菊

出版　　　英屬蓋曼群島商網路與書股份有限公司臺灣分公司
發行　　　大塊文化出版股份有限公司
　　　　　臺北市 10550 南京東路四段 25 號 11 樓
　　　　　www.locuspublishing.com
　　　　　TEL: (02)8712-3898　　FAX: (02)8712-3897
　　　　　讀者服務專線：0800-006689
　　　　　郵撥帳號：18955675　　戶名：大塊文化出版股份有限公司
　　　　　法律顧問：董安丹律師、顧慕堯律師
　　　　　版權所有　翻印必究

總經銷　　大和書報圖書股份有限公司
　　　　　新北市 24890 新莊區五工五路 2 號
　　　　　TEL: (02)8990-2588　　FAX: (02)2290-1658
製版　　　中原造像股份有限公司

初版一刷：2022 年 7 月
定價：新臺幣 350 元
ISBN：978-626-7063-15-6

Printed in Taiwan

國家圖書館出版品預行編目(CIP)資料

國際政治理論與喪屍：Covid-19末日版／丹尼爾‧W‧德雷茲納（Daniel W.
Drezner）作；翁尚均譯. -- 初版. -- 臺北市：英屬蓋曼群島商網路與書股份有
限公司臺灣分公司出版：大塊文化出版股份有限公司發行, 2022.07
　　面；　　公分. --（For2；59）
譯自：Theories of International Politics and Zombies, Apocalypse Edition.
ISBN 978-626-7063-15-6（平裝）

1. CST：國際政治　2. CST：國際關係

578   111008315